JN165094

藤本　昇

卑弥呼の鏡

鉛同位体比チャートが明かす真実

海鳥社

はじめに

邪馬台国の女王卑弥呼が魏の皇帝からもらった銅鏡百枚は、「卑弥呼の鏡」として広く知られている。

この「卑弥呼の鏡」については、日本で一番出土数の多い三角縁《さんかくぶち》神獣《しんじゅう》鏡《きょう》をあてる説が考古学界では広く認められており、多くの仮説がある。しかし、その考古学的根拠は薄弱のようで、これらの仮説全般を手際良くまとめたものもないようである。

筆者はこれらの仮説をまとめていくうちに「鉛同位体比」という理化学的データが大量にあるにもかかわらず、あまり利用されていないことを知った。

従来このデータはＸＹの二軸を使ったグラフで表されることが多かったが、筆者は、この鉛同位体比を四軸を使ったレーダーチャートで表すと、個々の鏡が個性豊かなパターンを作り、鏡の識別に利用できることを見出した。

この方法を使うと、三角縁神獣鏡の色々な問題点について明快に答えることができ、この鏡は中国鏡とは言えないこともわかった。

また、奈良県・大和天神山古墳出土の鏡二十三枚のチャート解析と時代別の鏡の解析から、鏡の編年表を構築することができ、三角縁神獣鏡が倭製鏡の中に位置づけられることもわかった。

一方、中国との交流がなかった三世紀後半から四世紀の間、ヤマト朝の中央集権国家の建設は着々と進行している。それに伴い社会や文化も変革する大きなうねりの中で和風文化が伸展し、そのシンボルが前方後円墳であったと言えるだろう。

その新しい墓には当然新しい葬儀が必要とされ、鏡や、これに剣・勾玉を加えた「三種の神器」が導入される。このような流れの中で倭製鏡が発達し、その中から三角縁神獣鏡が生まれたと言える。

この「科学的データ」と「文化」という異なる分野からのアプローチで、三角縁神獣鏡が倭製鏡として生まれたという同じ結果が得られたことの意義は大きいと思われる。

しかし、考古学界では「三角縁神獣鏡は卑弥呼の鏡だ。だから邪馬台国は畿内だ」という説が根強い。平成十年に奈良県の黒塚古墳からこの鏡が三十三枚も出土し、「邪馬台国は畿内で決まり」という報道があってから、この鏡が出土すると「卑弥呼の鏡」という文字が紙面に踊り、マスコミの格好のキャッチフレーズとして利用されている。

この説はいくつもの仮説によって成り立っているが、考古学的事実を無視しているようだ。特に、「伝世鏡説」は考古学的事実によらず仮定に仮定を重ねてできているようである。また、長方形鈕口《ちゅうこう》という鋭い切口を見つけながら、似たもの探しに忙しいだけの説もある。

先師の仮説に盲従し、それをもとに話が進むため、真実の姿が見えてこないようだ。これらの諸仮説についても適宜、鉛同位体比やチャートを用いて検証していきたい。

卑弥呼の鏡――鉛同位体比チャートが明かす真実◉目次

第二章　和風文化の発生と三角縁神獣鏡

第二章 卑弥呼の鏡説の検証

第四章　三角縁神獣鏡は国産鏡である

序章

卑弥呼の鏡と三角縁神獣鏡

卑弥呼の鏡

三世紀になってから中国では魏、呉、蜀という三国が覇権を争っていた。そのことを書いた『三国志』の「魏志倭人伝」に邪馬台国を治める女王として卑弥呼が登場してくる。卑弥呼は弥生時代の終わり頃、景初三（二三九）年、中国の魏王に使節団を送った。魏王は、はるか東方の国から海を越えてやって来た使節団を非常に喜び、破格のもてなしをした。それは、魏王の徳がはるか東、海の彼方にまで及んでいることの証《あかし》であり、しかも邪馬台国が呉の東にあり、呉国を牽制できる、軍事的にも非常に重要な位置にあると考えたためである。

使節団が帰るにあたり、魏王は詔書を出している。その中で卑弥呼を「親魏倭王」となし、金印紫授《しじゅ》を授けるとともに、大量の絹織物を与えている。さらに、お土産として金八両、五尺刀二口、銅鏡百枚などを与えた。

魏王からもらったこの「銅鏡百枚」が後世、「卑弥呼の鏡」と言われるようになったのである。しかし、「銅鏡百枚」がどんな種類の鏡だったのか、その詔書には書かれていない。

その当時、魏の国で作られた漢鏡には、内行花文鏡《ないこうかもんきょう》（円の中心に花文と葉文がある）、方格規矩鏡《ほうかくきくきょう》（中心部に四角形、周辺部にL・V・T字形などの文様がある）などがある。

日本で出土する鏡の中では、神獣像があり、縁が三角形に鋭く立ち上がる「三角縁神獣鏡」と呼ばれるものが最も多い。この鏡が卑弥呼の鏡ではないかという説は、京都大学の富岡謙蔵氏が最初に唱えたと言われる。ついで小林行雄氏が、この三角縁神獣鏡が畿内を中心として広がっていることから、卑弥呼の鏡は三角縁神獣鏡であり、ヤマト朝がその伸展に伴い、全国にこの鏡を配布したという説を唱えた。そのため、この鏡が「邪馬台国畿内説」の根幹をなすものとなっていった。

今から約五十年前には、この鏡の出土数は百枚そこそこで、この仮説は具合がよく、その当時にあってはかなり有力であった。

しかし、この鏡は四世紀以降に作られた古墳からしか出てこないという弱点があった。そのため「もらってすぐ副葬しなかったから」という伝世鏡説が必要となった。

■図表1　卑弥呼の鏡の諸説一覧

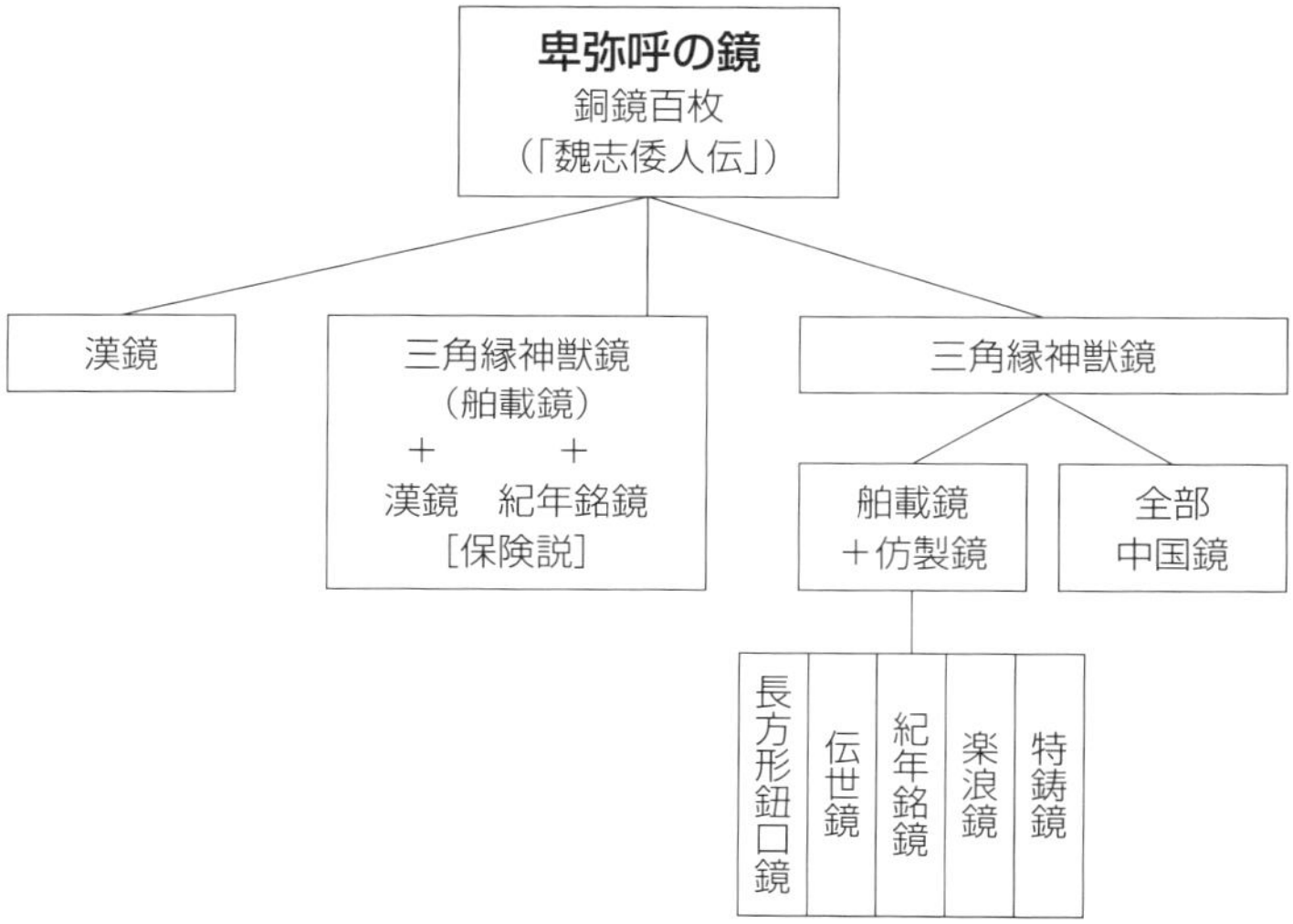

また、この鏡は中国からもらったはずなのに、その中国からは一枚も出ないことから国内産ではないかという説が森浩一氏から出された。

これに対し、この鏡は卑弥呼用に特別に作ったので、中国では出ないのだという特鋳鏡説も出てきた。さらにこれに関連して、この鏡は朝鮮半島の楽浪郡で作られたという楽浪鏡説もある。

また、卑弥呼が中国に使節を出した景初三（二三九）年や正始元（二四〇）年などの年号を記した三角縁神獣鏡があるから間違いないという紀年銘鏡説もある。

さらに、この鏡独特の長方形鈕口が

中国由来だから卑弥呼の鏡だという説もある。

いや、この鏡だけでなく、その他の漢鏡や紀年銘鏡も含むという説（便宜上「保険説」と呼ぶ）などもある。

これらの諸説をまとめると図表1のようになる。以下、鉛同位体比とチャートを適宜使用して検証していきたい。

三角縁神獣鏡とは

この鏡は、中国の呉で主に作られていた神獣鏡と画像鏡をもとにしている。その特徴をまとめると次のようになる。

一　鏡の縁が三角形に鋭く立ち上がっていて、平縁の鏡との違いが一目でわかる。

二　図表2のように、鏡の中心に丸い半球状の鈕《ちゅう》があり、そこに紐を通すための鈕口があるが、その形が長方形である。

三　鏡は内区と外区に段差で区分される。

四　内区には主文帯と副文帯がある。主文帯には神仙世界の仙人を表す神像があり、

■図表2　三角縁神獣鏡と断面図

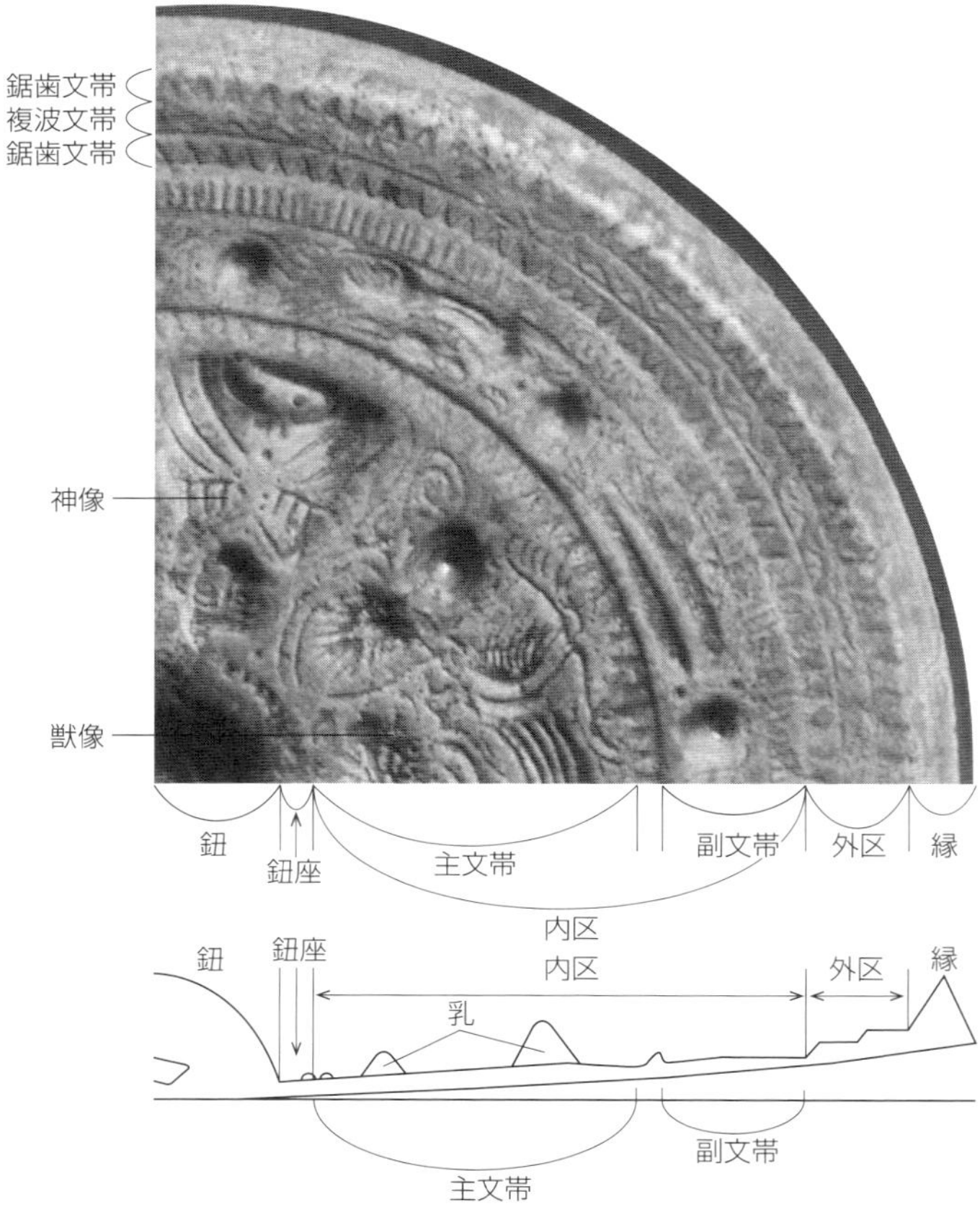

（樋口隆康「三角縁神獣鏡綜鑑」〔新潮社〕を参考に作成）

それと対になって神像を守るための獣像がある。神像と獣像は四～六個の乳《にゅう》（乳首のような突起）によって区分される。

五　副文帯には紋様帯や銘帯がある。

六　外区には鋸歯文《きょしもん》（鋸《のこぎり》の歯のような三角形の文様）帯と鋸歯文帯の間に複波文《ふくはもん》（波の形をした文様）帯がある。

七　幢幡文《とうはんもん》（笠松状ののぼりの文様）が入っているものも多い。

八　鏡の厚さは薄く、鏡面が平らでなく反っている。

九　直径が二一～二三㎝と、鏡としては大型のものがほとんどである。

十　完全な円形のまま出土するものが多い。

十一　同じ文様、同じ大きさの同型鏡が多い。

十二　これまでに出土した鏡は五百枚を超えている。日本でしか出ず、しかも古墳からしか出土しない。

十三　厚さが薄いため「魔鏡現象」が出る鏡もある。「魔鏡現象」とは光が鏡面に当たった時、背面の模様が反射光に浮かび上がる現象をいう。

（樋口隆康『三角縁神獣鏡綜鑑』（文献45）を参考に一部加筆）

漢鏡の年代と分類

中国の前漢・後漢の時代に作られた鏡を漢鏡というが、その種類は多く、名前とおおまかな年代区分の知識がないと理解しにくいと思われる。岡村秀典氏が『三角縁神獣鏡の時代』（文献13）の中で、漢から魏までの四百年間の鏡を、およそ五十年ごとに区切って分類されている。それをまとめたのが図表3である。この中で三角縁神獣鏡は漢鏡八期に分類されている。

■図表3　岡村秀典氏による漢鏡の年代と分類（文献13）

漢鏡１期（前２世紀前半、前漢前期）
漢鏡２期（前２世紀後半、前漢中期前半） 草葉文鏡
漢鏡３期（前１世紀前半から中頃、前漢中期後半から後期前半） 星雲文鏡、重圏銘帯鏡（日光鏡）、連弧文銘帯鏡
漢鏡４期（前１世紀後葉から１世紀はじめ、前漢末から王莽代） 方格規矩四神鏡、素文縁方格規矩過文鏡、 獣帯鏡、虺龍文鏡、銘帯鏡、昭明銘帯鏡
漢鏡５期（１世紀中頃から後半、後漢前期） 内行花文鏡、方格規矩四神鏡、浮彫式獣帯鏡
漢鏡６期（２世紀前半、後漢中期） 方格規矩四神鏡（簡略化）、蝙蝠座内行花文鏡、 盤龍鏡、双頭龍文鏡
漢鏡７期（２世紀後半から３世紀はじめ、後漢後期） 第１段階　上方作系浮彫式獣帯鏡、飛禽鏡、 画像鏡、獣首鏡 第２段階　画文帯神獣鏡 第３段階　斜縁神獣鏡
漢鏡８期（３世紀、魏） 三角縁神獣鏡をはじめとする魏鏡

ただし、この表を見る時には注意が必要である。これらの鏡は、その属する期だけに作

られたのではなく、後の期にも作られ続けている。特に魏・晋の時代には漢代の鏡が復古鏡または仿古鏡として盛んに作られている。さらに、倭国でも弥生時代後期になると、原鏡から型取りして同じ文様や大きさに仕上げた「踏み返し鏡」が盛んに作られた。それらが古墳から出土すると、漢鏡と見なされていることに注意が必要である。

第一章

鉛同位体比と三角縁神獣鏡

近年、分析機器の進歩で鉛同位体比が測定されるようになり、考古学の世界に新しい波が生じている。この方法は一九八〇年前後から始まり、馬淵久夫氏や平尾良光氏らの努力により、弥生時代の銅鐸から三角縁神獣鏡などまで大量の測定データが報告されている。しかし、これらのデータは『考古学雑誌』などの専門誌で発表されているため、我々はなかなかその情報に触れる機会がなかった。これらのデータから得られる知見は大きいと思われるが、その科学的価値が考古学界では十分に生かされていないように見える。

鉛同位体比とは

鉛（Pb）は地球上に大量に存在し、融点が低く利用しやすい。古代ローマの昔から現在まで水道管などにも使用され、我々の身近にある。その鉛は、質量の異なる四種類の同位体（204Pb, 206Pb, 207Pb, 208Pb）で成り立つ。この四つの同位体の混合比率を鉛同位体比という。その測定に必要な試料は微量でよく、錆でもよいという利点がある。

鉛同位体比は地域や鉱山により微妙に異なっているので、原料産地の推定に利用できる。

レーダーチャートの利用

鉛同位体比は一枚の銅鏡につき三〜五個のデータが公表されているが、これまでの報告はそのうち二つのデータをX軸・Y軸にとったグラフで表されていて、せっかくのデータを生かしきれていないように思われる。

A

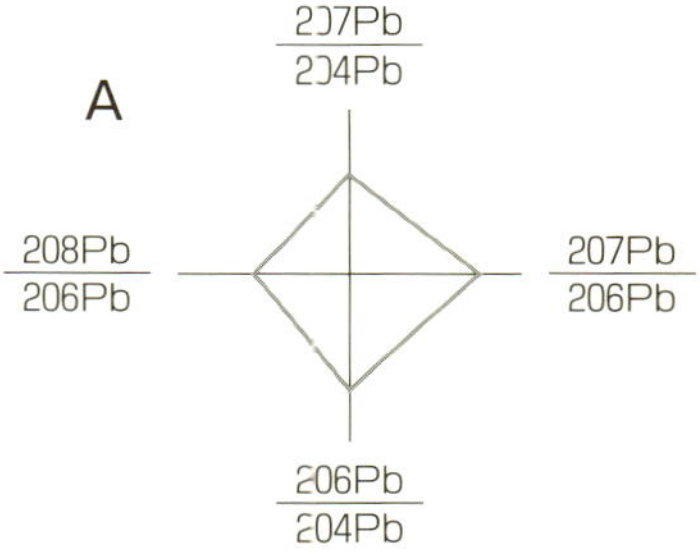

B

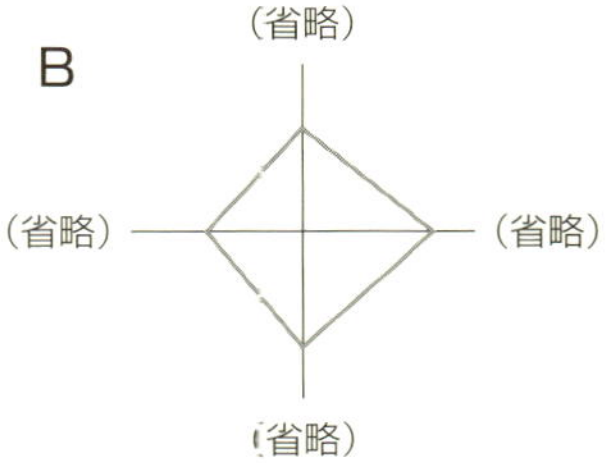

そこで本書では、これまでのグラフとは異なり、四軸を使ったレーダーチャートで表すこととする。このレーダーチャートを使うと、鏡が今までとは違う姿を見せてくれる。

基本的には図Aのようになり、チャートの形は鏡ごとに異なるため鏡の分別に利用できる。人の識別に指紋やＤＮＡのパターンを利用するのと同じである。なお、四つの数値はそれぞれ桁が違うほど異なり、取り違える可能性は低いと思われるので、「208Pb/206Pb」などの四軸の単位は図Ｂのように省略する。また、これ以降本文中で「鉛同位体比の鉛値」という場合、208Pb/206Pbを指すものとする。

チャートでわかる時代別鏡の素顔

これらの鉛同位体比を使って時代ごとの鏡について見ていこう。

図表４Ａの弥生時代の鏡をチャートに落とし込むと図表５Ａとなる。福岡市・弥永原遺跡の小型仿製鏡や福岡県糸島市・平原遺跡の方格規矩鏡など、いずれもほぼ同じチャートを描いている。銅鐸《どうたく》や春日市・須玖岡本《すぐおかもと》遺跡の前漢鏡の草葉文鏡《そうようもんきょう》もほぼ同じ形で、弥生時代の鏡などと区別がつかない。

次に、漢鏡で鋳造期のわかるものについて調べてみる。

岡村秀典氏は畿内出土の伝世鏡として、奈良県天理市・大和天神山古墳（前方後円墳、長さ一一三ｍ）の鏡を挙げている（文献13）。この古墳からは二十三枚もの多種類の鏡が出

■図表4　各種鏡の鉛同位体比

A．弥生時代

出土地／鏡種	鉛同位体比（Pb/Pb）				文献
	207/204	207/206	206/204	208/206	
福岡県・弥永原遺跡／弥生式小型仿製鏡	15.543	0.8761	17.741	2.1633	47
福岡県・平原遺跡／内行花文鏡	15.521	0.8794	17.649	2.1703	
同上／方格規矩鏡	15.559	0.8763	17.755	2.1653	
兵庫県神戸市桜ケ丘町／桜ケ丘7号銅鐸	15.537	0.8758	17.740	2.1620	
福岡県・須玖岡本遺跡／草葉文鏡（前漢鏡）	15.544	0.8783	17.698	2.1658	

B．漢鏡

出土地／鏡種	鉛同位体比（Pb/Pb）				文献
	207/204	207/206	206/204	208/206	
奈良県・大和天神山古墳／波文縁方格規矩鏡	15.545	0.8737	17.792	2.1596	55
同上／流雲文縁方格規矩鏡	15.563	0.8717	17.854	2.1555	
同上／内行花文（雷雲文）鏡	15.704	0.8489	18.499	2.1045	
福岡県・潜塚古墳／内行花文（蝙蝠座）鏡	15.701	0.8493	18.487	2.1038	56
奈良県・大和天神山古墳／画文帯神獣鏡	15.676	0.8439	18.576	2.0993	55
同上／獣帯鏡	15.606	0.8578	18.193	2.1168	

ているが、他の古墳からよく出る三角縁神獣鏡が一枚も出ていないという珍しい古墳である。

岡村氏はこの古墳の出土鏡のうち、方格規矩鏡と内行花文鏡の計十枚を漢鏡五期に、画文《がもん》帯神獣鏡《たいしんじゅうきょう》、画像《がぞう》鏡《きょう》、獣帯鏡《じゅうたいきょう》などを七期に分類している。そして獣形《じゅうがた》

■図表５Ａ　弥生時代鏡の鉛同位体比チャート

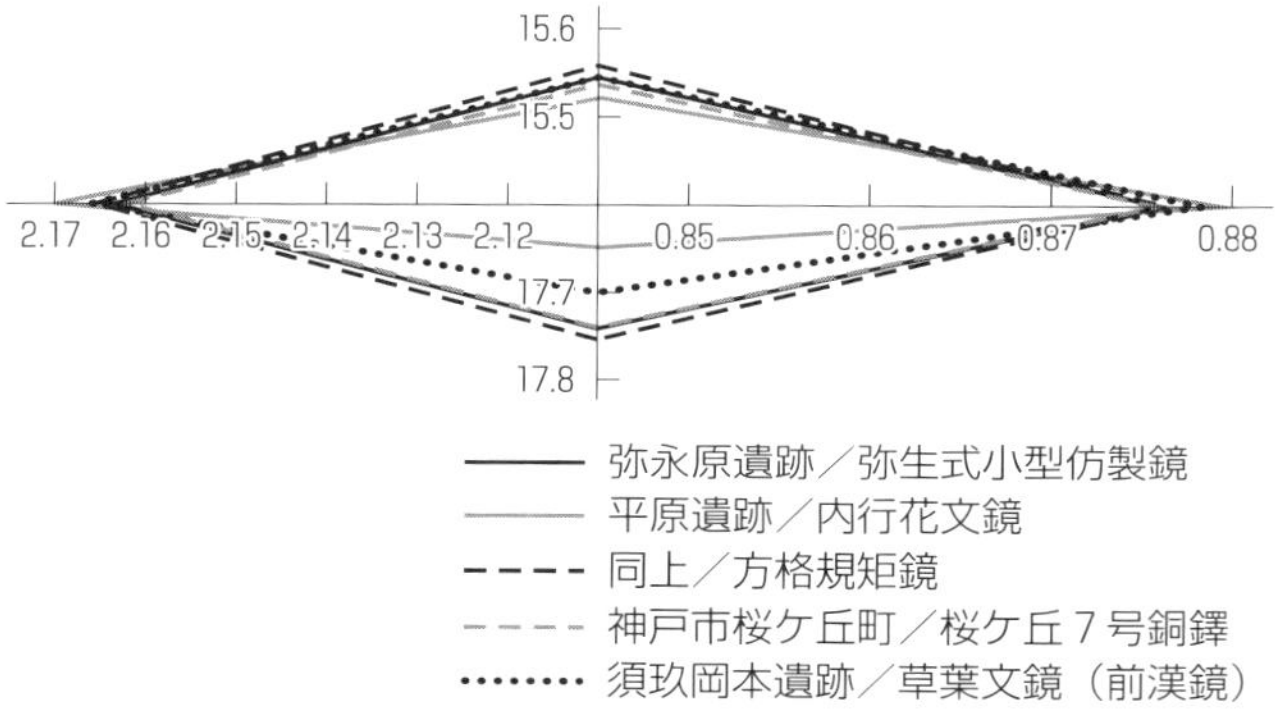

■図表５Ｂ　漢鏡の鉛同位体比チャート

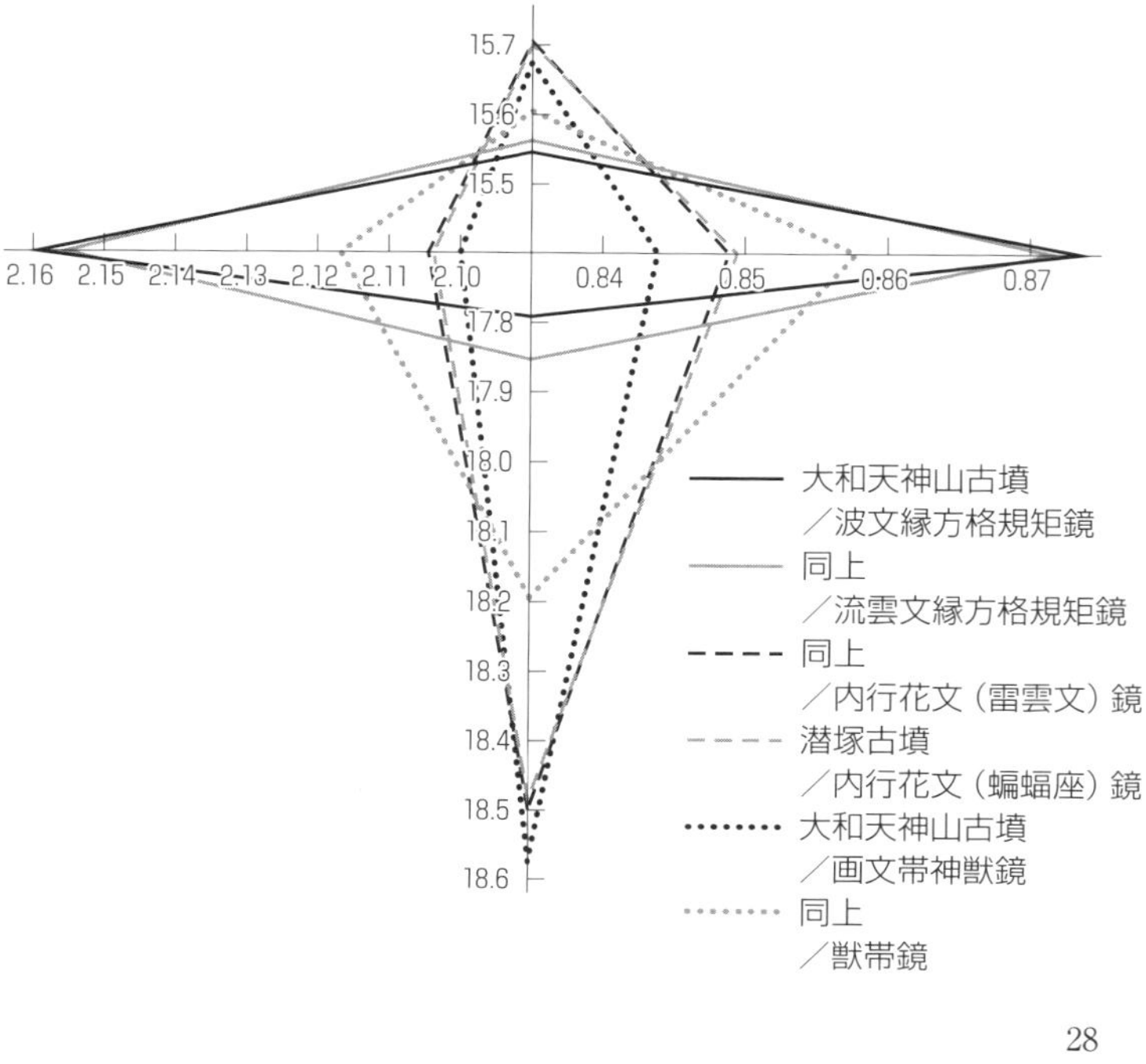

鏡《きょう》など残り六枚は仿製鏡としている。

図表5Bを見ると、五期の二枚の天神山方格規矩鏡は、図表5Aの弥生時代の平原鏡や小型仿製鏡とほぼ同じチャートを描いている。しかし、同じ五期の天神山内行花文鏡は縦に長いチャートで、全く異なっている。

六期の鏡として福岡県大牟田市・潜塚《くぐりづか》古墳出土の内行花文（蝙蝠座《こうもりざ》）鏡を取り上げている。この鏡は五期の天神山内行花文鏡とほぼ重なっている。

七期の天神山画文帯神獣鏡は五期、六期の内行花文鏡よりも中心に近く、縦軸もより長くなっている。同じく七期の天神山獣帯鏡は他の鏡のチャートとは異なり、図表7の三角縁神獣鏡のチャートに似ている。

三角縁神獣鏡は中国鏡ではない

次に三角縁神獣鏡について、図表6に基づきチャートを描くと図表7になる。

三角縁神獣鏡の鉛値は2.1180～2.1400と馬淵氏らにより明らかにされている（文献54）。

舶載鏡《はくさいきょう》とされている城《じょう》の山《やま》鏡、椿井大塚山《つばいおおつかやま》鏡、仿製鏡とされる鶴山丸山鏡、一貴山《いきさん》銚《ちょう》

■図表6　三角縁神獣鏡と中国鏡の鉛同位体比

出土地／鏡種		鉛同位体比（Pb/Pb）				文献
		207/204	207/206	206/204	208/206	
三角縁神獣鏡	京都府・椿井大塚山古墳／舶載鏡	15.634	0.8620	18.137	2.1324	59
	兵庫県・城の山古墳／舶載鏡	15.647	0.8598	18.197	2.1219	55
	岡山県・鶴山丸山古墳／仿製鏡	15.652	0.8604	18.192	2.1233	51
	福岡県・一貴山銚子塚古墳／仿製鏡	15.627	0.8606	18.158	2.1217	59
魏　鏡	福岡県・五島山古墳／斜縁二神二獣鏡	15.690	0.8522	18.411	2.1136	51
呉　鏡	山梨県・鳥居原古墳／赤烏元年鏡	15.653	0.8522	18.368	2.1092	59

子塚《しづか》鏡なども同じ範囲にある。

チャートを見ると、図表5と異なり平行四辺形に近い。つまり、これらの三角縁神獣鏡は先ほどの弥生時代の鏡や漢鏡とは全く異なることがわかる。

三角縁神獣鏡は中国鏡、つまり魏鏡説が根強い。そこで、このチャートに中国鏡と言われる鏡を挿入してみる。

まず魏鏡の斜縁二神二獣鏡を、ついでに呉鏡の赤烏元年鏡をプロットすると、そのチャートはいずれも横幅が狭い縦長の形になり、三角縁神獣鏡のチャートとは大きく異なっている。これにより、三角縁神獣鏡は中国鏡ではないことがわかった。

■図表７　三角縁神獣鏡と中国鏡の鉛同位体比チャート

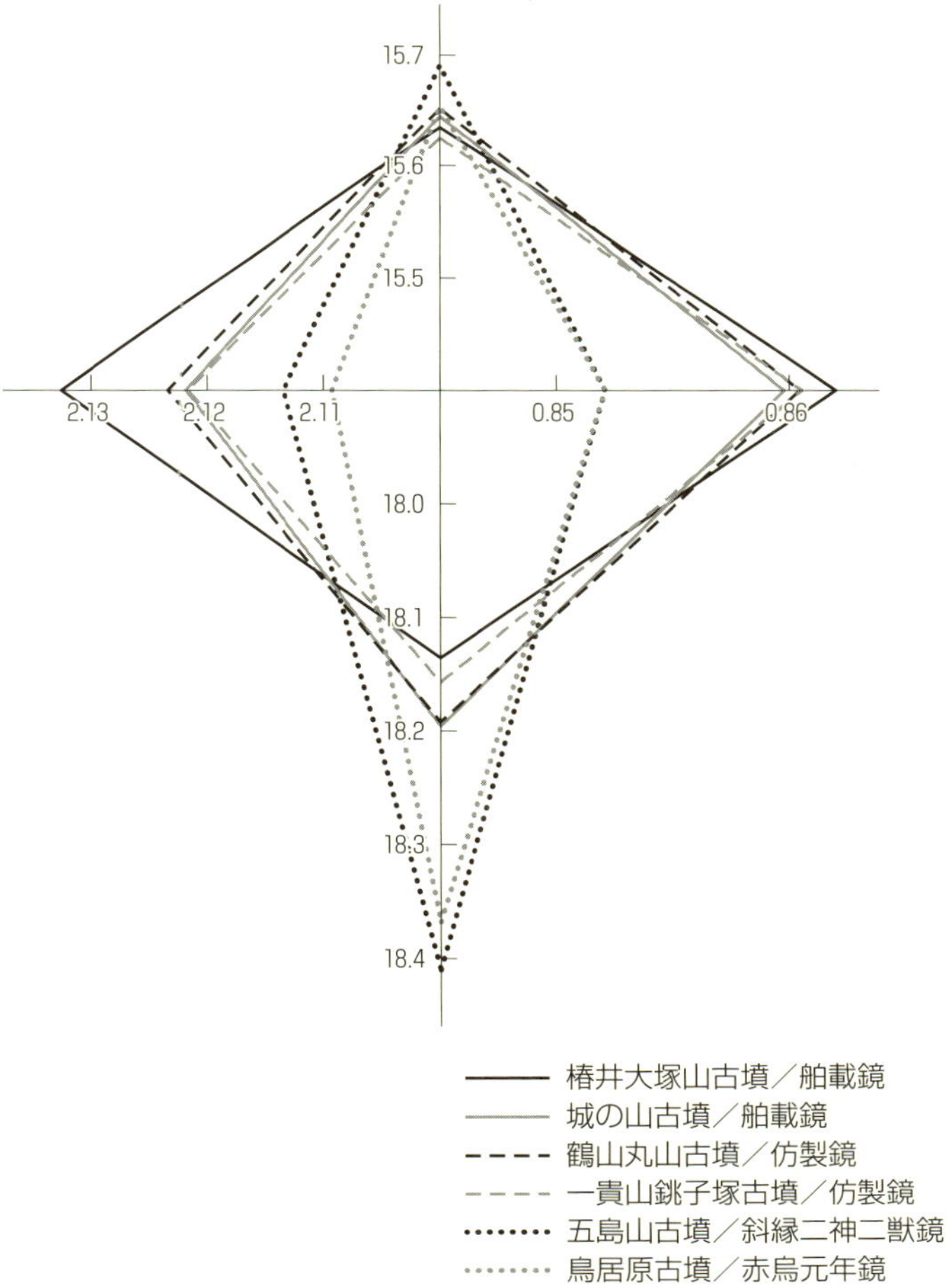

チャートで見える天神山鏡二十三枚の特性

大和天神山古墳から出土した二十三枚の鏡には、図表5から、平原遺跡の方格規矩鏡によく似た鏡や三角縁神獣鏡に似た鏡も含まれていることがわかった。この天神山鏡は、古墳時代の仿製鏡の見本となった大型鏡を多数含んでいることでも知られている。

天神山鏡全二十三枚について、図表8に基づきチャートを描くと図表9A～Eのようになる。この天神山鏡は、三つのグループに分けることができる。

図表9A～Cの十五枚はこじんまりと軸の中心に集まり、仿製鏡とされるものや、漢鏡とされる内行花文鏡、画文帯神獣鏡や方格規矩鏡の一部も入っている。また、このグループは三角縁神獣鏡の鉛値2.1180～2.1400の範囲にあり、チャートの形も平行四辺形に近い。しかも、三角縁神獣鏡そのものではないが、その前身を思わせる縁が三角の三角縁変形神獣鏡、銅鐸由来と思われる鹿やスッポンなどを描いた半三角縁人物鳥獣文鏡《じんぶつちょうじゅうもんきょう》（図表10参照）もあり、三角縁神獣鏡との強い関連を示唆している。

■図表8　天神山鏡の鉛同位体比（文献55）

図表	試料名		鉛同位体比（Pb/Pb）			
			207/204	207/206	206/204	208/206
図表9A	M－5	三角縁変形神獣鏡	15.668	0.8580	18.261	2.1248
	M－6	画文帯神獣鏡	15.625	0.8599	18.171	2.1266
	M－12	画文帯神獣鏡	15.623	0.8612	18.141	2.1256
	M－18	獣形鏡	15.644	0.8596	18.199	2.1249
図表9B	M－2	画文帯神獣鏡	15.708	0.8579	18.310	2.1293
	M－4	内行花文鏡	15.686	0.8600	18.240	2.1274
	M－11	画像鏡	15.708	0.8617	18.229	2.1271
	M－17	内行花文鏡	15.614	0.8607	18.141	2.1277
	M－23	獣帯鏡	15.606	0.8578	18.193	2.1168
図表9C	M－7	獣形鏡	15.603	0.8647	18.044	2.1378
	M－8	流雲文縁方格規矩鏡	15.579	0.8647	18.017	2.1374
	M－13	獣形鏡	15.627	0.8628	18.112	2.1346
	M－15	三角縁変形神獣鏡	15.572	0.8649	18.004	2.1352
	M－21	流雲文縁方格規矩鏡	15.618	0.8624	18.110	2.1334
	M－22	半三角縁人物鳥獣文鏡	15.587	0.8673	17.972	2.1425
図表9D	M－3	内行花文鏡	15.704	0.8489	18.499	2.1045
	M－10	画像鏡（劉氏作）	15.681	0.8535	18.373	2.1108
	M－14	画文帯神獣鏡	15.676	0.8439	18.576	2.0993
	M－20	内行花文鏡	15.718	0.8449	18.603	2.0962
図表9E	M－1	流雲文縁方格規矩鏡	15.563	0.8717	17.854	2.1555
	M－9	流雲文縁方格規矩鏡	15.501	0.8760	17.695	2.1626
	M－16	波文縁方格規矩鏡	15.545	0.8737	17.792	2.1596
	M－19	波文縁方格規矩鏡	15.565	0.8723	17.844	2.1577

■図表９Ａ　天神山鏡の鉛同位体比チャート①

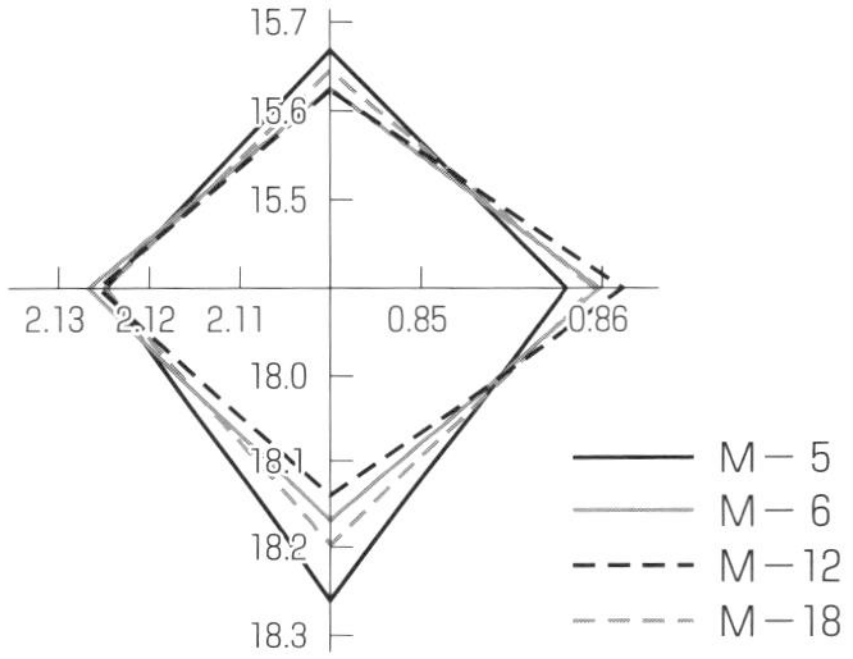

■図表９Ｂ　天神山鏡の鉛同位体比チャート②

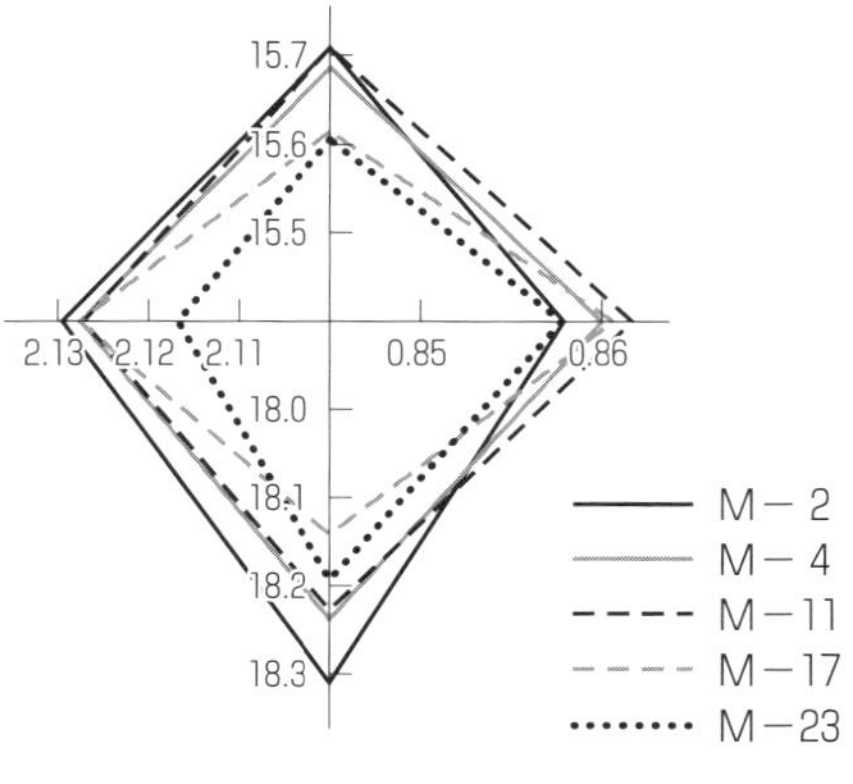

■図表９Ｃ　天神山鏡の鉛同位体比チャート③

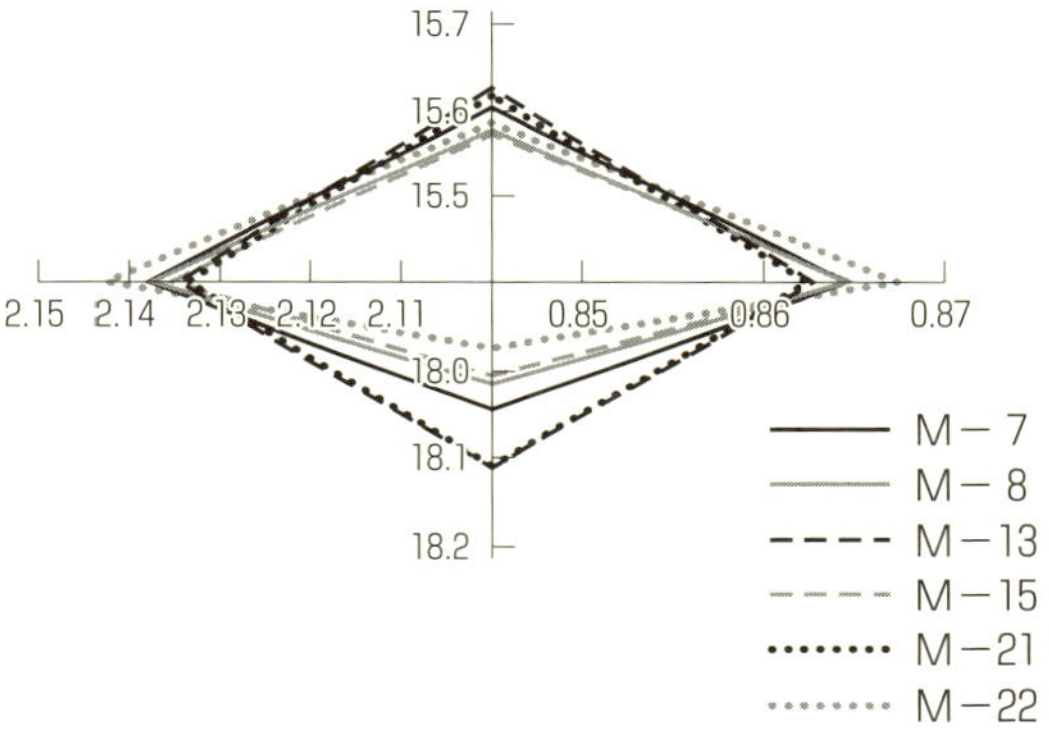

■図表９Ｄ　天神山鏡の鉛同位体比チャート④

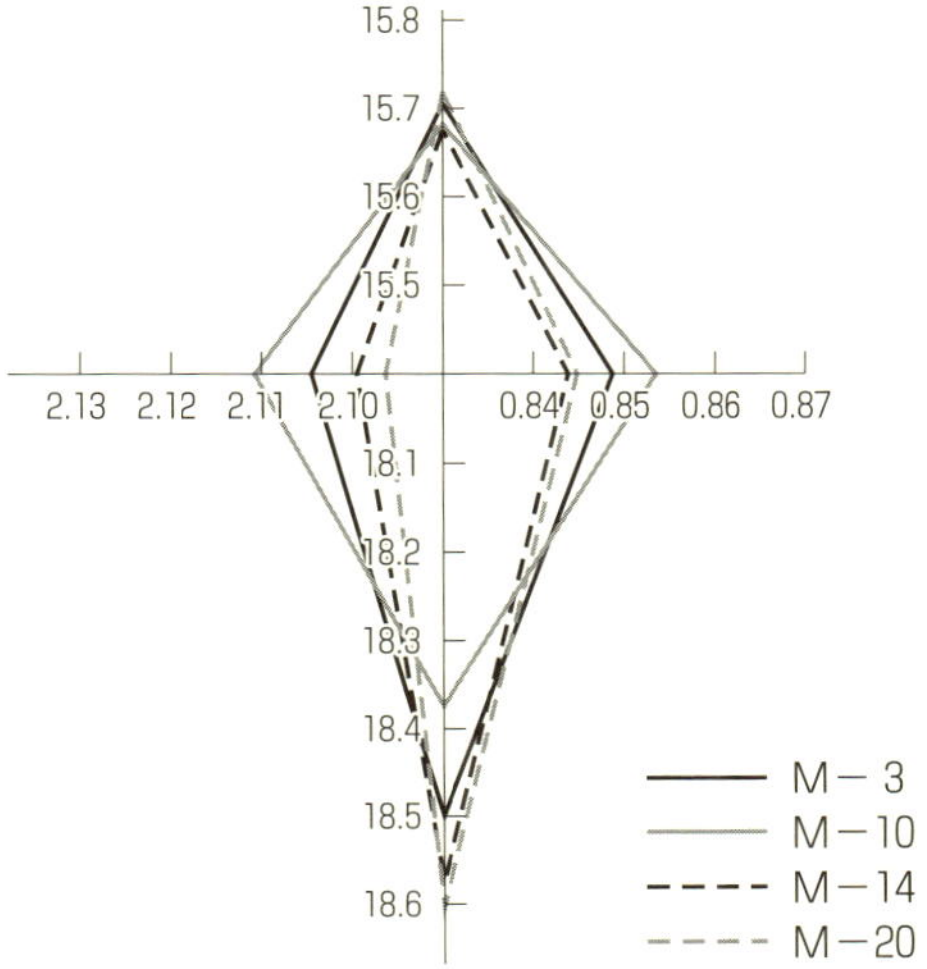

■図表９Ｅ　天神山鏡の鉛同位体比チャート⑤

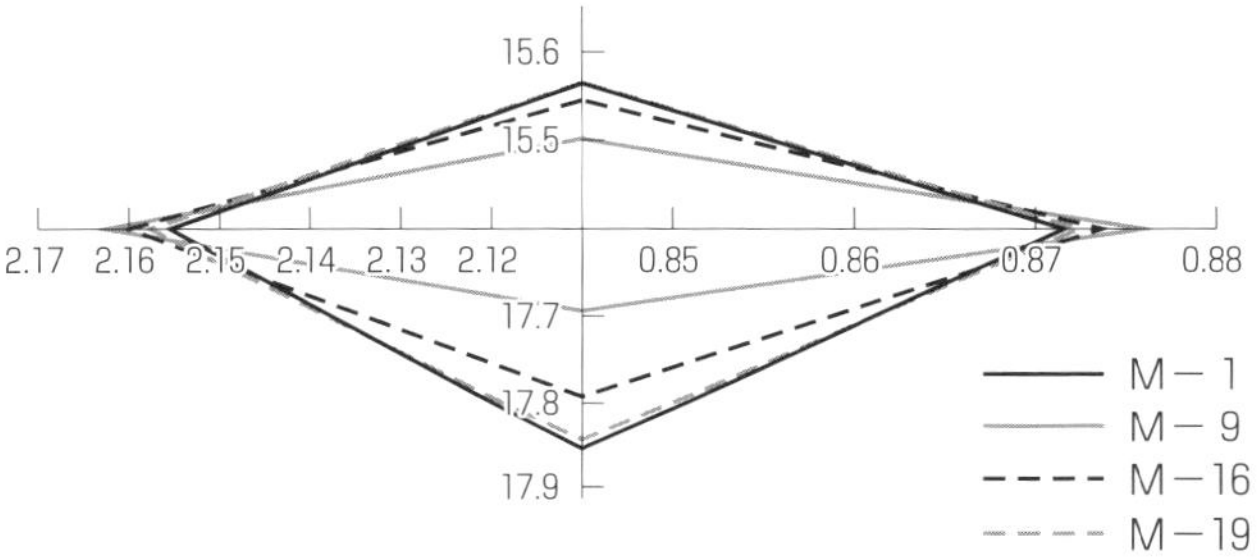

■図表10　大和天神山古墳出土の半三角縁人物鳥獣文鏡

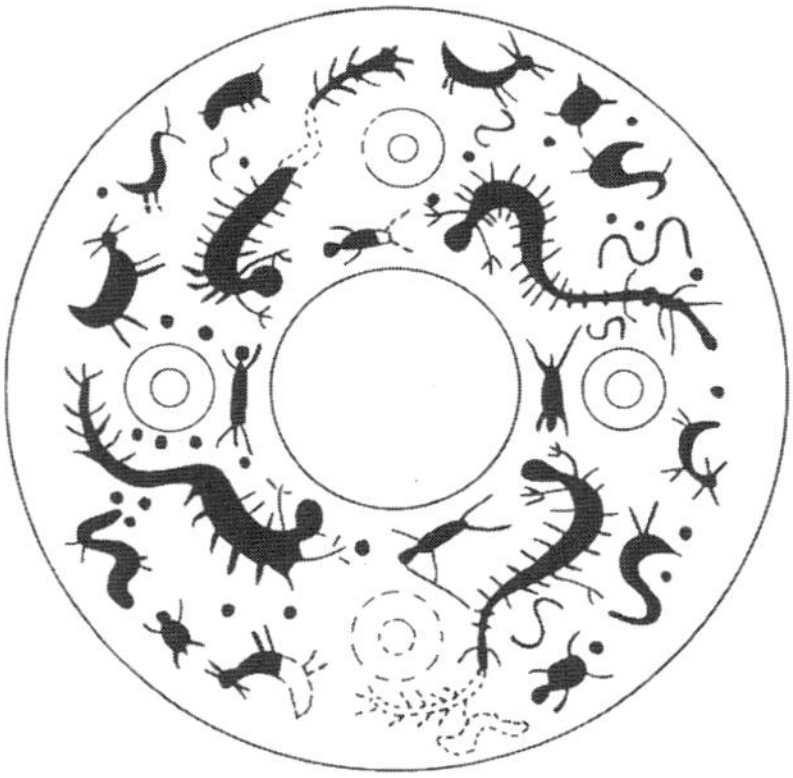

（橿原考古学研究所編『奈良県史跡名勝天然記念物調査報告』第22冊〔奈良県教育委員会〕より）

図表９Ｄのグループは縦に長く、内行花文鏡や画像鏡、画文帯神獣鏡などがある。
図表９Ｅのグループは横軸方向に長く伸びて菱形状になる。すべて方格規矩鏡で、平原鏡（図表５Ａ）とよく似たチャートを示している。

三角縁神獣鏡と平原鏡にリンクする天神山鏡

図表９Ａ～Ｅのチャートから、天神山鏡が三角縁神獣鏡に近い鏡を含みながら、一方では、弥生時代の平原鏡と共通する鏡を含んでいることがわかった。これはつまり、天神山鏡が両者の中間に位置し、両方にリンクしていることを示唆しているのではないだろうか。

そこで、これらの鏡についてさらに図表12のデータをもとにチャートを描くと図表13になる。

これを見ると、平原遺跡の方格規矩鏡と内行花文鏡はほぼ同じチャートを描き、天神山の方格規矩鏡

■図表11　天神山鏡と三角縁神獣鏡及び平原鏡の関係

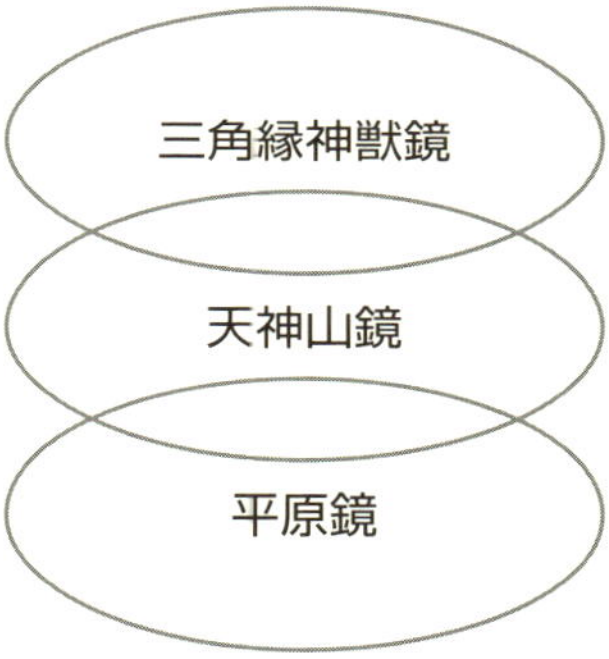

■図表12　平原鏡・天神山鏡・三角縁神獣鏡の鉛同位体比

鏡　種		鉛同位体比（Pb/Pb）				文献
		207/204	207/206	206/204	208/206	
平原鏡	流雲文縁方格規矩鏡	15.559	0.8763	17.755	2.1653	47
	内行花文鏡八葉鏡	15.521	0.8794	17.649	2.1703	
天神山鏡	内行花文鏡	15.686	0.8600	18.240	2.1274	55
	流雲文縁方格規矩鏡	15.501	0.8760	17.695	2.1626	
	獣形鏡	15.644	0.8596	18.199	2.1244	
城の山鏡	三角縁神獣鏡（船載）	15.646	0.8598	18.197	2.1219	

もほぼ同じ形をしている。

一方、天神山内行花文鏡は漢鏡五期とされているが、兵庫県・城の山古墳出土の三角縁神獣鏡（船載鏡）とほぼ同じチャートとなっており注目される。

仿製鏡とされる獣形鏡も三角縁神獣鏡と同じチャートを示している。

これらのチャートから、天神山古墳は平原鏡と三角縁神獣鏡の両方にリンクする鏡が出土していて、両者の中間に位置することがわかる。つまり、天神山古墳は平原鏡よりも新しく、三角縁神獣鏡よりも古い三世紀後半のものと考えて良いだろう。当然、天神山の仿製鏡も三世紀後半となる。

三世紀中頃から後半にかけて作られたと思われる仿製鏡のデータが、「福岡県出土青銅器の鉛同位体比」（文献58）の中にある。弥生後期の周溝墓や石棺から出土した鏡で、甘

■図表13　平原鏡・天神山鏡・三角縁神獣鏡の鉛同位体比チャート

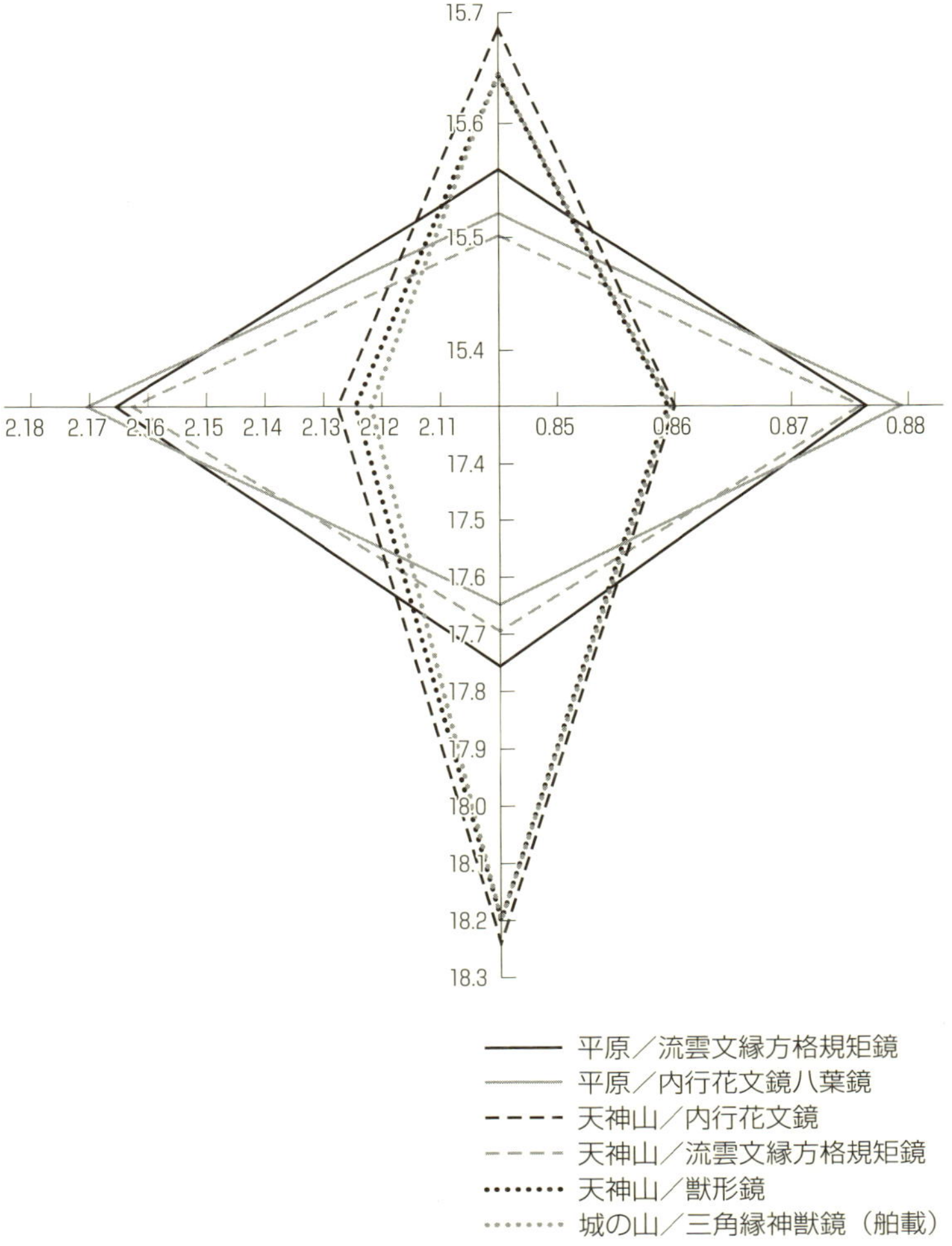

木市の重圏文鏡《じゅうけんもんきょう》の他八枚があり、鉛値は2.1200～2.1400の範囲にある。この鉛値は三角縁神獣鏡の鉛値と重なるので、弥生後期頃にはすでにこれらの鉛値を持つ鏡が作られていたことを示している。特に久留米市・西屋敷遺跡から出土した小型仿製鏡は鉛値2.1290で、通常の小型仿製鏡の鉛値と異なることから、弥生時代の小型仿製鏡と三角縁神獣鏡とを材料面で結ぶ貴重な史料であるという馬淵氏らのコメントがある（文献58）。

鏡の編年表を作る

以上の検証で、似たもの同士や全く違うものなど、それぞれの特性が見えてきた。これらのデータから鏡の編年表（図表14）を作ってみよう。

縦軸に西暦、横軸に208Pb/206Pbを取る。ここに、各時代の鏡を書き込んでいく。ただし、伝世鏡などの考え方は排除し、四世紀の遺跡から出た遺物は四世紀のものとしてプロットする。使用するデータは、これまでに使ったものの他、『考古資料大観6　弥生・古墳時代青銅・ガラス製品』の平尾良光氏による巻末資料（文献47）とする。

まず、前漢鏡は福岡県春日市・須玖岡本遺跡の星雲鏡《せいうんきょう》、草葉文鏡がそれぞれ2.1594～

2.1672、2.1624～2.1720である。時代は紀元前から西暦ゼロ年近辺なのでそこにプロットする。小型仿製鏡は2.1600～2.1700にほぼ収まる。時代は二世紀中頃からと考えられる。鏡ではないが、参考のため銅鐸について見ると、2.1550～2.1710で中央値が2.1650である。この銅鐸の時期は諸説ありはっきりしないが、一世紀頃から三世紀後半頃までと考えられる。

糸島市の平原鏡は舶載と国産で意見が分かれていたが、内行花文鏡二枚の他は柳田康雄氏の国産説が主流となっているようである。鉛値の変動が大きく、2.1550～2.1900となっている。年代は、早い人は二世紀とも言うが、そうすると二世紀から三世紀初めとされる小型仿製鏡の出来の悪さから見て早過ぎる。現在は三世紀中頃から後半説が主流となっているので、その時代にプロットする。

三角縁神獣鏡は2.1180～2.1400の範囲で、四世紀以降の古墳からしか出ていないので、この時代に記入する。

呉の鏡と思われる赤烏元年鏡や赤烏七年鏡の鉛値はそれぞれ2.1092、2.1054で、該当する時代にプロットする。

斜縁神獣鏡は2.1004～2.1183を示す。岡村氏の分類（二〇頁参照）では漢鏡七期の第三段階であったが、同氏はその後魏鏡と位置づけているので、魏の頃にプロットする。漢鏡で時代のわかるものは少ないが、先に見たように天神山鏡は五期と七期のものがある。

五期とされる方格規矩鏡のうち四枚は2.1555～2.1626と高く、時代は一世紀中頃から後半とされている。残りの二枚は2.1334～2.1374にあるので、そこへプロットする。同じく五期とされる内行花文鏡のうち二枚は2.0962～2.1045を示す。後の二枚は2.1274～2.1277を示すのでそこへプロットする。

七期とされる画文帯神獣鏡は、四枚のうち一枚が2.0993、画像鏡（劉氏作）が2.1108、獣帯鏡が2.1168を示す。七期は二世紀後半から三世紀中頃、後漢後期なのでそこへプロットする。七期とされる残り四枚は、2.1256～2.1293の範囲にプロットする。

天神山鏡のうち仿製鏡とされた六枚は2.1248～2.1425までばらついている。時期については、図表13の分析で天神山鏡は三角縁神獣鏡と平原鏡の中間に位置することがわかったので、三世紀の後半にプロットする。

また、福岡県内出土の仿製鏡は、「福岡県出土青銅器の鉛同位体比」（文献58）で見たように2.1200～2.1400の間にあり、三世紀中頃から後半にかけての周溝墓や石棺から出ている

■図表14　鉛同位体比による鏡の編年表

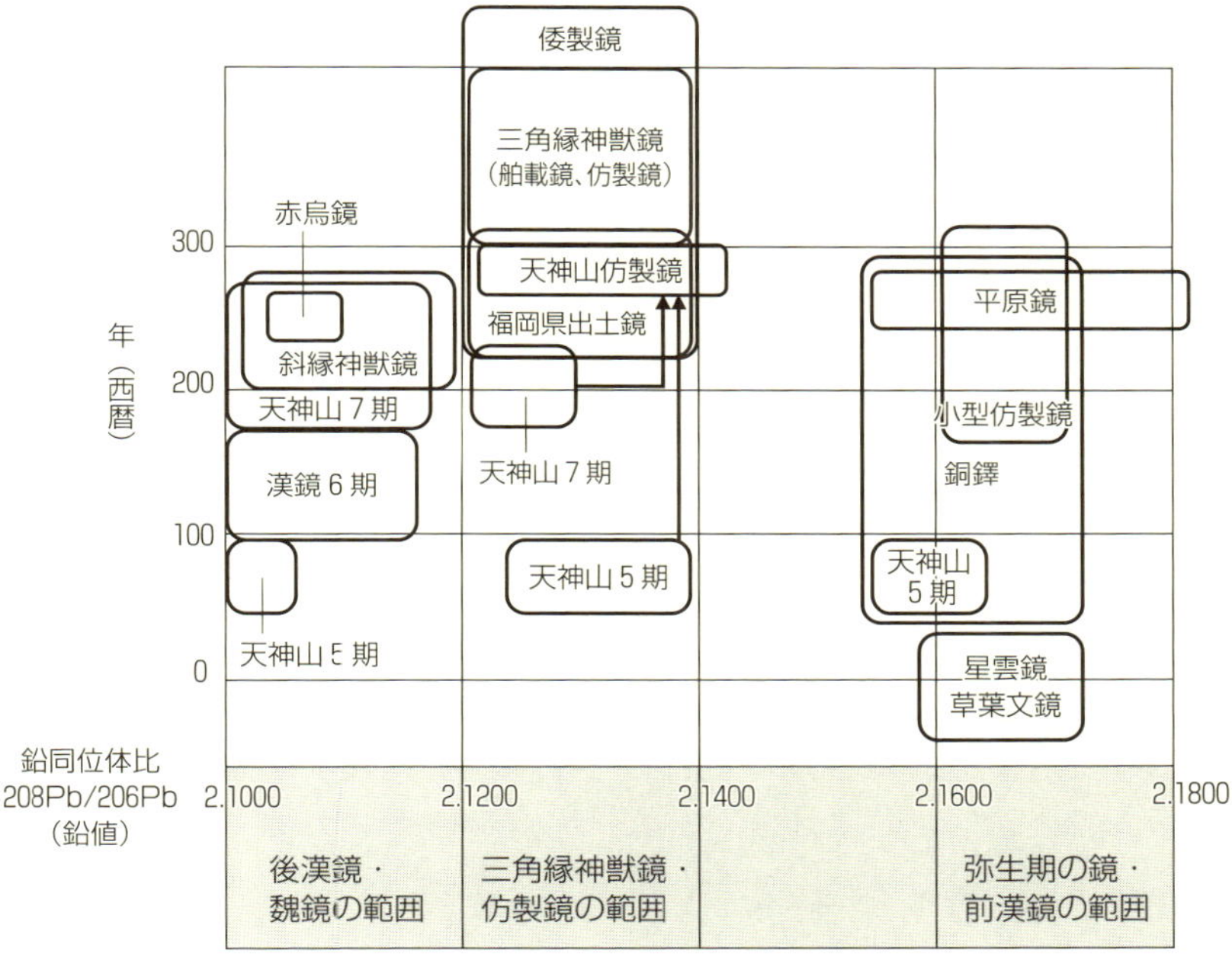

のでその頃にプロットする。

そうすると、これらの鉛値は三角縁神獣鏡の鉛値とされる2.1180～2.1400の範囲と重なり、三角縁神獣鏡や仿製鏡全体を含んだ倭製鏡の範囲をも示すことになる。つまり、三角縁神獣鏡は倭製鏡の中で生まれた鏡で、卑弥呼の鏡ではないということになる。

天神山鏡で漢鏡五期、七期とされている鏡のうち、その鉛値が、倭製鏡の2.1200～2.1400の間にあるものがある。本来の五期・七期の時代のものであれば、当時の倭国の技術力から考えると、倭製鏡とするには無理がある。しかし今、編年表で倭製鏡が三世紀中頃から後半と位置づけられた。これらの鏡もこの時代であれば鋳鏡が十分可能と考えられるので、これらも倭製鏡の所まで矢印のように移動させることができるだろう。

漢鏡六期の例としては福岡県大牟田市・潜塚古墳や福岡市・野方中原《のかたなかばる》遺跡から出土した蝙蝠座内行花文鏡や北九州市・馬場山遺跡の双頭龍文鏡などがある。これらは鉛値2.0960〜2.1137を示し、六期は二世紀前半、後漢中期なのでそこへプロットする。

以上の作業で図表14が完成し、各鏡の位置づけがより理解しやすくなった。

編年表とチャートが示す三角縁神獣鏡の実像

鉛同位体比による鏡の編年表から次のことがわかる。

まず、三角縁神獣鏡は四世紀前後の倭製鏡の中から生まれたということが言える。そして後漢鏡や魏鏡の範囲にある赤烏鏡や斜縁神獣鏡などとは鉛値が異なることが一目瞭然である。さらに図表7のチャートで見たように、三角縁神獣鏡と、赤烏鏡や斜縁神獣鏡とははっきり異なることから、魏鏡説は否定される。

船載鏡と仿製鏡の区別はない

従来、三角縁神獣鏡は船載鏡と仿製鏡とに区分されてきたが、図表7で見たように船載とされる城の山鏡と、仿製とされる鶴山丸山鏡のチャートはほぼ重なった。椿井大塚山鏡は先の二つの鏡とは若干ずれるが、三角縁神獣鏡のチャートの範囲内にある。

これまで三角縁神獣鏡は、出来栄えの良いもの、見栄えが良いものは船載鏡、出来の悪いもの、見た目の悪いものは仿製鏡というように、明確な基準がないまま区分されてきたが、鉛同位体比により、その区分はないということがはっきりとした。

また、最新の知見として、平成二十七（二〇一五）年十二月二日の「読売新聞」に、奈良県立橿原考古学研究所・水野敏典氏らによる三次元計測の分析結果を紹介する記事が掲載されていた。

（三角縁神獣鏡は）「全て中国製か、全て日本製のいずれかの可能性が高い」と指摘。

「中国製で一部は日本製」という、従来主流だった説は成立しないと主張する。

これは筆者の結論と全く同じであり、鉛同位体比と三次元計測という異なる科学機器による測定の結果が同じ結論に到達したことの意義は大きいと思われる。

車崎正彦氏は三角縁神獣鏡の文様の連続性から舶載、仿製の区分はないとされており(文献21)、鉛同位体比はその説を支持することになる。もっとも、車崎氏は区分がないことを理由に、三角縁神獣鏡はすべて中国製とされている。

しかし、図表14の編年表で明らかになったように、この鏡は倭製鏡の中から生まれたものなのである。

三角縁神獣鏡には神岡鉱山の鉛が使われている

これまでの検証で、三角縁神獣鏡は卑弥呼の鏡ではなく、倭製鏡であることがわかった。

では、この鏡に使われた鉛はどこの鉛であろうか。

馬淵氏は初期の論文に、岐阜県・神岡鉱山や対馬の対州鉱山の鉛同位体比は中国のそれに近いと記したところ、多くの疑問が提出されたという。そこで同氏は「東アジア鉛鉱石の鉛同位体比」（文献57）の中で、2つの図を提示し説明している（図表15）。

A式図（X軸：207Pb/206Pb、Y軸：208Pb/206Pb）では三角縁神獣鏡の分布域に神岡

■図表15　三角縁神獣鏡と鉱山の鉛同位体比
（●：舶載三角縁神獣鏡、○：神岡鉱山の鉛）

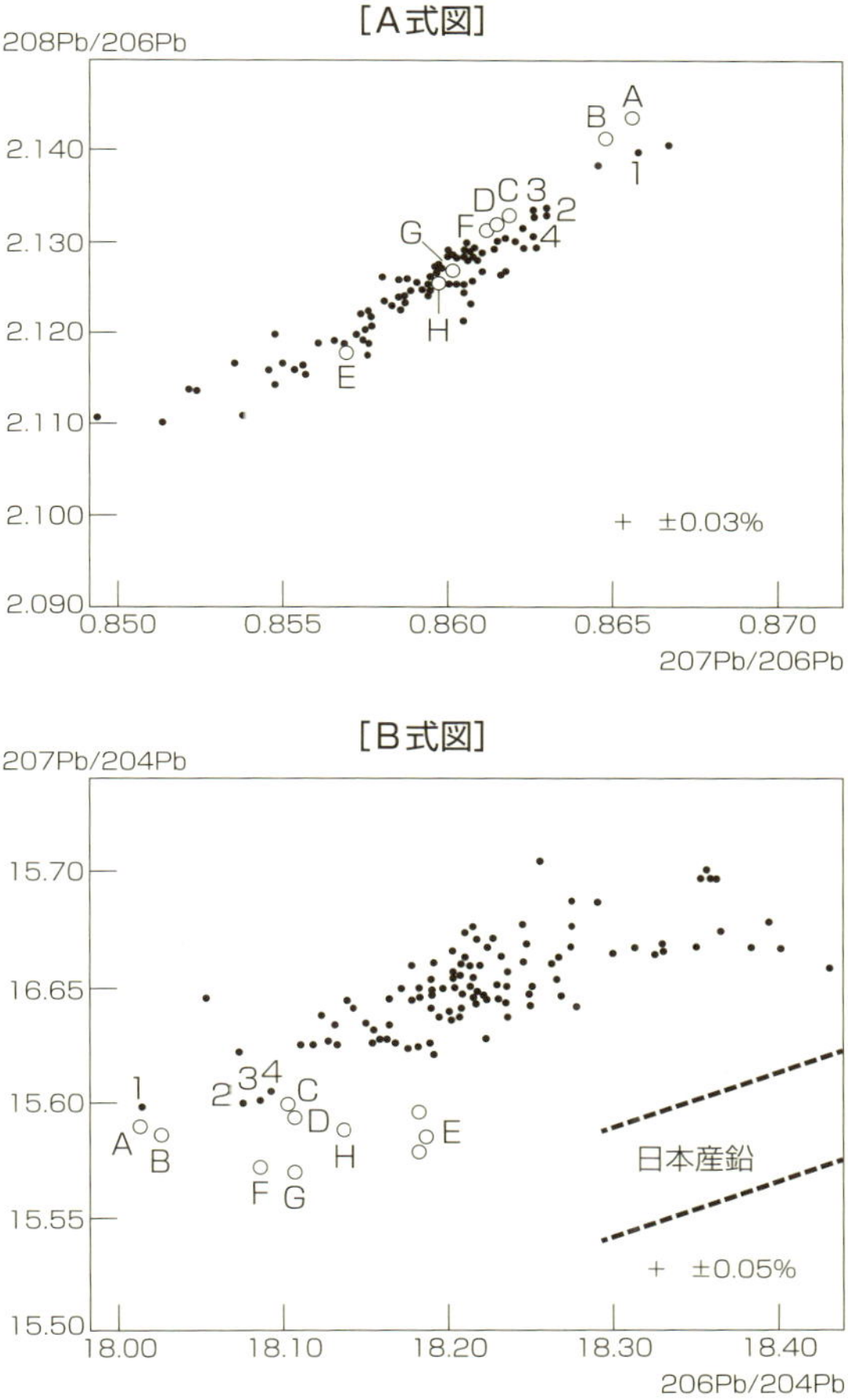

（馬淵久夫他「東アジア鉛鉱石の鉛同位体比」
〔『考古学雑誌』73－2〕をもとに作成）

■図表16　神岡鉱山の鉛同位体比

	鉛同位体比（Pb/Pb）				文献
	207/204	207/206	206/204	208/206	
神岡鉱山 変動幅	15.571～ 15.600	0.8568～ 0.8656	18.012～ 18.185	2.1176～ 2.1430	57
円山坑 a	15.588	0.8597	18.132	2.1252	
円山坑 b	15.571	0.8602	18.102	2.1273	
円山坑 c	15.609	0.8602	18.146	2.1296	55
栃洞坑	15.562	0.8569	18.161	2.1169	

■図表17　三角縁神獣鏡と鉱山の鉛同位体比

			鉛同位体比（Pb/Pb）				文献
			207/204	207/206	206/204	208/206	
三角縁 神獣鏡	舶載	椿井大塚山鏡	15.657	0.8596	18.214	2.1273	59
		城の山鏡	15.646	0.8598	18.197	2.1219	55
	仿製	一貴山銚子塚鏡	15.626	0.8606	18.158	2.1217	59
		紫金山鏡	15.634	0.8624	18.129	2.1272	
鉱山		栃洞坑	15.562	0.8569	18.161	2.1169	55
		円山坑 c	15.609	0.8602	18.146	2.1296	
		水口山（湖南省）	15.643	0.8496	18.412	2.0989	

の鉛がきているが、B式図（X軸：206Pb/204Pb、Y軸：207Pb/204Pb）では鏡とは離れているから神岡の鉛ではないとされる。B式図では近接しているように見えるものもあるが、より測定精度が高いA式図で見るとわずかにずれているので全く異なるという。

しかし、A式図は完全に重なって見えるし、B式図も概ね同じ範囲にあるように見える。差があってもそれはわずかであり、神岡鉱

■図表18　三角縁神獣鏡と鉱山の鉛同位体比チャート

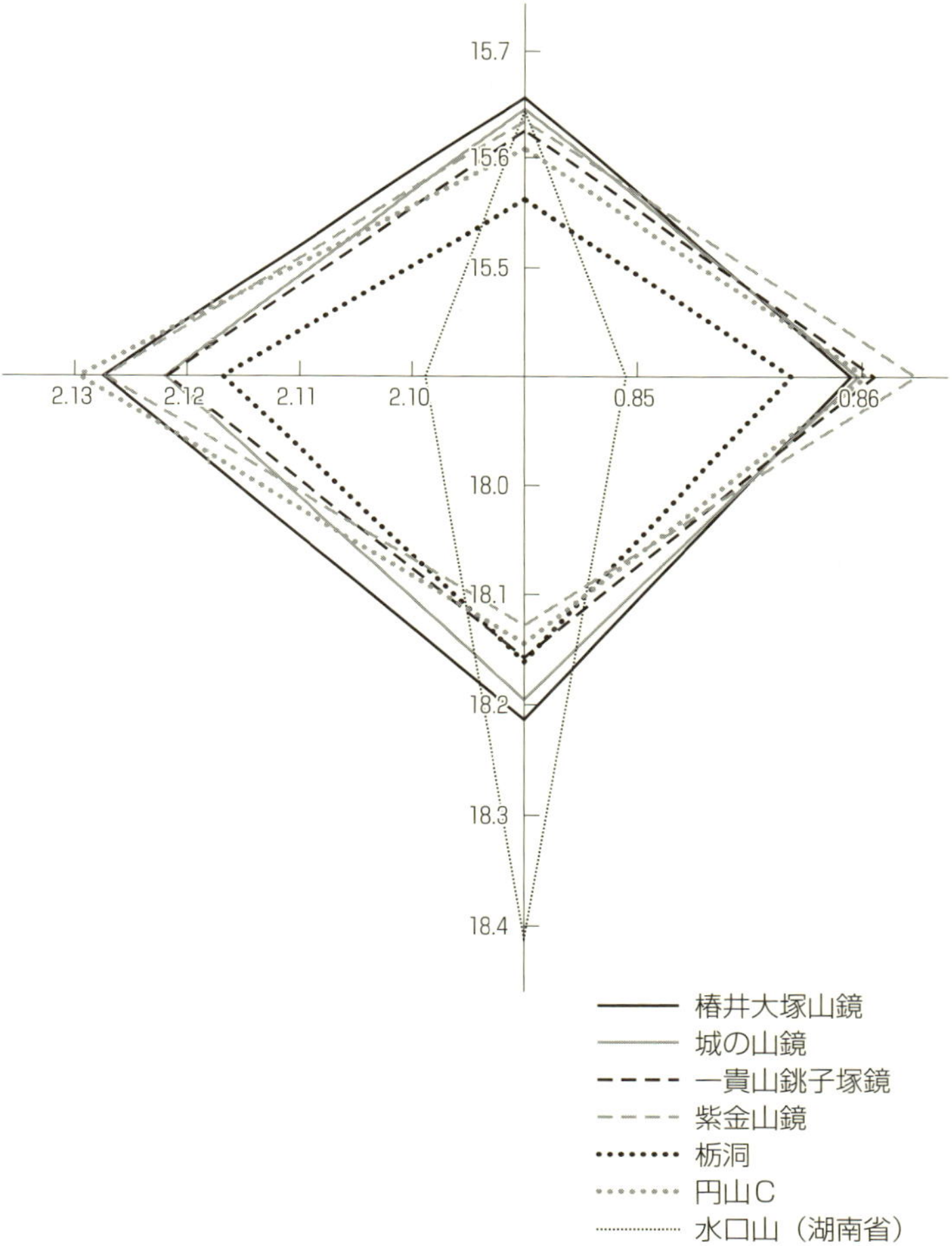

山の鉛同位体比が一定で変動しなければの話であろう。

馬淵氏は、神岡鉱山は工区によって鉛同位体比が変動すると言う。図表16を見ると、同一鉱山内でも異なることがわかる。同一鉱山でも鉛同位体比の変動がある以上、ある程度ファジーに見る必要があろう。

そこで、三角縁神獣鏡と神岡鉱山の鉛同位体比を図表17にまとめ、レーダーチャートを描くと図表18になる。

神岡鉱山のうち円山坑は三角縁神獣鏡ときれいに重なっていることが一目瞭然である。栃洞坑も少しずれてはいるが、ほぼ同じような形である。参考に入れた水口山は中国の鉱山の中で最も三角縁神獣鏡の鉛同位体比に近かったが、チャートにすると縦長で横幅が狭く、三角縁神獣鏡の原料とはなり得ないことがわかった。

菅谷文則氏は、三角縁神獣鏡の鉛は神岡鉱山の鉛であると提唱され、新井宏氏も同じ説である。これをレーダーチャートで裏付けることができたのは、大きな成果である。

第二章

和風文化の発生と三角縁神獣鏡

ヤマト朝の芽ばえ

倭の女王壹与《いよ》が晋に使いを送ったのが二六六年、その後、倭国は中国の史書には登場しない。では、倭国はどうなっていたのか。何もなかったのであろうか。いや、そんなことはない。ヤマト朝として徐々に形を整えつつあった。

これまでの弥生の地方分権的な国から、中央集権的なヤマト朝という国家への大きな変革が、権力の集中、富の増大と集積をもたらしていった。

●地方分権的な国から県《あがた》制への変化

・松浦国→松浦県、伊都国→伊都県など

・銅鐸の祭りの廃止・消滅

●墓の独自性

・前方後円墳など日本独自の墓

・新しい墓に伴う葬儀の芽ばえ
・三種の神器（鏡・剣・勾玉）の副葬
・儀式に伴う新しい鏡の誕生
●庄内式土器から布留《ふる》式土器への変化
●鉄器の近畿地方での普及
●絹織物の普及
などの変化がある。

和風文化の発生

壹与が晋に使いを送った二六六年から、四一三年に倭王が東晋に遣使するまで約一五〇年の間、倭は外国との公式な交流を行っていない。

外国との交流が途絶えた時、日本の文化はどうなっていただろうか。日本の歴史を振り返ってみると、外国から吸収した文化をもとに、日本独特の文化、和風文化というものを作り出している。例えば、

●平安文化　遣唐使を止めた八九四年以後
●元禄文化　鎖国に入った一六三九年以後

などである。

白鳳・天平時代、外交は途絶えていないが、仏像が入ってきた時の異国風な造りから完全に離れた、日本独自の丸っこい仏像に進化させている。

これらからわかるように、入手した文化を、日本の風土にあった和風文化に巧みに発展させている。単なる物真似に終わらず、社会の大きなうねりの中で、文化もより強く和風化が進展している。

これを物語るのが、前方後円墳という新しい墓の創設である。これまでの小さな周溝墓や出雲の四隅突出墓、吉備の双方中円墳などを参考にして、中国や朝鮮にもない日本独自の前方後円墳という墓を生み出している。これは権力や富の集積なしには造ることができない。この新しい墓には「三種の神器」と言われる鏡・剣・勾玉が納められるようになる。

また、新しい墓には新しい形の葬儀が必要となろう。死んだ権力者を弔い、それを引き継ぐ新しい権力者の誕生を祝うもので、重厚であると同時に、ある種の華やかさも求められたであろう。その儀式に必要とされたのが鏡である。死んだ権力者の権威を示す漢鏡が死者の頭部に添えられ、葬儀を彩る様々な新しい鏡が作られていく。

一方、これと対極にあった銅鐸の祭祀は廃止された。銅鐸は、村祭りの似合う平等な社会を象徴するもので、中央集権国家を目指すヤマト朝にとっては邪魔者以外の何物でもなかった。

その他、土器も庄内式から布留式へと変化し、九州北部に偏在していた鉄器や絹織物の急速な普及が進み、変革のうねりは政治・経済にとどまらず、新しい文化の胎動を引き起こしていった。

あなたたちとは違うんです

中国の考古学者王仲殊氏は、京都大学で樋口隆康氏から多くの三角縁神獣鏡を見せてもらった感想を、「中国の銅鏡とは、あまりにも違うということに気づきました。つまり、作風が全然違っています」と述べている（文献12）。言い換えると、「（中国鏡は）あなたたち（の三角縁神獣鏡）とは（全然）違うんです」ということである。

では、どこが違うのか。森下氏によれば、漢代の中国鏡には、基本的に信仰、思想的な裏付けのある図柄が採用され、紋様には一つの定式が存在し、それらの組み合わせにも約束事があるという。そして時間とともにその紋様には変化が生じるが、それは一定の範疇に収まるとのことである。一方で倭鏡は、図柄の共有性が薄く、また時間差、系統差、工人差による変化が極めて大きいという。そして、この紋様の多様性に倭鏡の大きな特色があるとされている（文献21・66）。

これらの鏡の図像は二十七系列にもなり、互いに刺激し合いながら発展し、作られた鏡は二千枚以上になる。

辻田淳一郎氏は、初期段階はあくまでも原鏡の紋様構成を参考にしつつも、それを改善することに意が払われており、舶載鏡の諸様式を上回る面径の鏡が数多く作られているとし、そのモデルになったのが大和天神山古墳出土鏡であることの可能性を指摘している（文献32）。

三角縁神獣鏡の誕生

大和天神山古墳からは大小合わせて二十三枚もの鏡が出土し、内行花文鏡、方格規矩鏡、神獣鏡、画像鏡、獣帯鏡など前期倭製鏡の初期の製品のモデル鏡を持っているという点に、この天神山鏡群の特別な存在価値がある。

このうち、内行花文鏡は二三・八cmなど三枚、方格規矩鏡は二三・四cmなど三枚、合計六枚が一九cmを超える大型鏡である。これらの鏡がヤマト朝における倭製鏡の中心的系列群のモデルとなり、内行花文鏡系、方格規矩鏡系やだ龍鏡系の大型の鏡が作られた。

二十三枚もの鏡を出土したこの古墳は、いつ頃の築造であろうか。

楠元哲夫氏は、舶載鏡鏡式は総体としては古い様相を示し、同型鏡がなく、内行花文鏡・方格規矩鏡など五鏡式すべてが仿製鏡のモデルとなっているとする。また、人物鳥獣文鏡（図10参照）には銅鐸の絵柄としてよく出てくる人物、鹿、水鳥、スッポンなどが描かれていることから、かつての銅鐸製作者が作ったと考えられ、銅鐸が流布していた時期とこの鏡の製作時期は比較的短い時間幅にあったことになり、古い仿製の可能性を秘めている、としている（文献19）。

河上邦彦氏は、天神山の内行花文鏡と方格規矩鏡は後漢鏡で、これらの鏡をもとに、三角縁神獣鏡より先に大型鏡の製作が始まっているという。従って、天神山古墳の築造は三世紀の後半から末ぐらいで、そこにはまだ三角縁神獣鏡はない、四世紀初頭になって初めてこの鏡は出てくるとしている（文献17）。

両氏の説を勘案すると、天神山古墳の築造時期は、三角縁神獣鏡が出土する古墳よりも早い時期、つまり三世紀後半頃と考えられる。

この結果は、第一章で鉛同位体比のチャートから得た、天神山古墳の出現が四世紀の三角縁神獣鏡よりも古く、平原鏡よりも新しい三世紀の後半という結論と同じものである。

一方、社会に高揚するエネルギーは鏡の世界における中国鏡の縛りを解き放ち、文様の定式を飛び出す鏡が続々と作られる。だ龍鏡は画文帯神獣鏡をもとに作られた、中国には例を見ない倭製鏡と言われている。さらに直線と孤線とを組み合わせた直孤文鏡《ちょっこもんきょう》、我が国の家屋を描いた家屋文鏡、勾玉を文様にした勾玉文鏡、平行した線を束ねたような俵文鏡、鳥の羽根状の羽文鏡など、日本独自の鏡がどんどん作られる。

その結果、生産量の著しい拡大と文様様式の多様化、文様の配置換えによるバリエーションの多様化が生じている。

また、中国鏡の構図の相違を意識せず、複数の鏡式の合成鏡も作り出した。神獣鏡特有の半円方形帯や外区の菱つなぎ文を持ちながら、内区は方格規矩鏡の文様にすっかり変わっている鏡も作られた。また、画文帯神獣鏡の縁に三角縁をとってつけたような鏡もある。

中国鏡の製作者から見たら奔放過ぎてクレイジーとしか言いようがないであろう。

一方、鏡の効用について、中国の書『抱朴子』（文献16）によれば、径九寸（魏尺で約二二㎝）以上の鏡に見入ると神仙が鏡の中に現れ、鏡の数が多いほど出てくる神も多くなるという。また、径九寸以上の鏡に映せば邪鬼も正体を現すという。

これらの鏡の効用と神獣鏡、三角縁画像鏡が三位一体となって、中国鏡の縛りを解き放った径九寸の三角縁神獣鏡が出現してくる。

神獣鏡（写真1a）は、伯牙《はくが》の弾琴《だんきん》で西王母《せいおうぼ》と東王父《とうおうふ》の陰陽二神の調和を図り、四獣が天地の秩序を維持し世界の安定を図るものと言われる。銘文にはこの鏡の効用について、これを持つと出世し、神仙と聖獣が子孫を繁栄させ長寿を保つと書かれている。初期の三角縁同向式神獣鏡（写真1b）は、神獣鏡（写真1a）の伯牙、黄帝、東王父や西王母をそのまま写し取ったもので、神仙の顔は小さく、ごちゃごちゃしていて鏡の効用はわかりにくい。これを改良して出現したのが、三角縁四神四獣鏡などの鏡（写真1c）である。

この鏡は神像と獣像以外は大胆に捨て去りデフォルメしている。残った神仙や聖獣は大きくはっきりし、この鏡を持てば神仙となり、聖獣に守られ邪鬼を近づけず、安穏な生活が保障される、という鏡の効用がより際立っている。

■写真１　神獣鏡から三角縁神獣鏡への文様の変化

a　画文帯同向式神獣鏡（奈良県・ホケノ山古墳出土。橿原考古学研究所蔵）

b　三角縁同向式神獣鏡（群馬県・蟹沢古墳出土。東京国立博物館蔵、Image: TNM Image Archives）

c　三角縁四神四獣鏡（三次元計測画像。奈良県・黒塚古墳出土。橿原考古学研究所蔵）

これら新しく作られた、神獣像が大きくてわかりやすい三角縁神獣鏡は、手本にした神獣鏡の神仙や聖獣の決まりが崩れて思想性が希薄になっているが、それ以上の御利益を保証してくれそうである。そして、この鏡独特の笠松文様がある。

王氏が「作風が違う」と言ったのは、以上のようなことではないだろうか。この三枚の鏡を並べてみれば、その違いに納得がいくであろう。

また、生きた人間は必ず死ぬ。栄華を極めた人はなおさら、死んだ後どうなるかを考えずにはいられない。それらの不安についても、この鏡は解消してくれる。

この鏡の鋭くとがった三角の縁が、人間世界の現世への未練と俗念を断ち切り、その縁を越えてあの世へと入っていく。そこには山（鋸歯文）と川（複波文。三途の川か西方浄土の海か？）の試練が待っているが、この鏡で照らせば軽く越えることができる。この山や川を越えると、そこは待望の神仙世界である。神像がやさしく迎えてくれ、獣像とともに死者の安穏を約束してくれる。

このような世界観が、三角縁神獣鏡では一目でわかるようになっていたため、あまたの鏡を押しのけて大ヒットしたのではなかろうか。そして、この鏡は新しい葬儀の必需品となった。

この鏡は今で言う弔電みたいな役割もあったのではなかろうか。寄贈者の名前を読み上げ、大相撲の懸賞幕が土俵を一巡するように、この鏡を頭上に掲げて祭壇を半周する。日中であれば日の光を受けて華やかさをもたらし、月の光であれば荘厳さを演出してくれる。

ここでも大きさが重要なポイントとなろう。図表19は鏡の直径と面積を計算したものであるが、直径五㎝の鏡の面積を一とすると、一〇㎝で面積は四倍、二〇㎝で十六倍、二三㎝だと二十一倍にもなり、光の反射量は各段に増大する。この鏡の鏡面は少し反っているため、さらに反射光は拡くなり華やかになっただろう。

■図表19　鏡の直径と面積

直径（㎝）	面積（㎠）	相対比（5㎝＝1）
5	19.6	1
10	78.5	4
15	177	9
20	314	16
23	415	21
25	491	25

しかも、この鏡は厚さが極めて薄いため「魔鏡現象」が起きやすい。これによって葬儀の参列者を驚嘆させたこともあったのではないだろうか。

第二章

卑弥呼の鏡説の検証

本章では、第一章で得られた鉛同位体比とチャートの分析結果を適宜用いて、卑弥呼の鏡の各説について検証していきたい。

紀年銘鏡説

どこから出土したか

鏡には短い文章（銘文）を配したものもあり、その銘文の書き出しが年号で始まるものを紀年銘鏡と言う。

卑弥呼が魏に使節団を送ったのが景初三（二三九）年、「親魏倭王」の金印や銅鏡百枚をもらって帰国したのが正始元（二四〇）年であった。

これらの年を記した三角縁神獣鏡が存在するということが、「三角縁神獣鏡＝卑弥呼の鏡」説の一番の強みであり、邪馬台国畿内説の根幹をなすものといえる。逆に言えば、こ

■図表20　紀年銘三角縁神獣鏡

紀年銘	出土地	築造時期	形・大きさ
景初三年鏡	島根県大原郡・神原神社古墳	4世紀中頃	方墳 29m×24m
正始元年鏡	兵庫県豊岡市・森尾古墳	5世紀初頭	方形台状墓 24m×20m
	群馬県高崎市・蟹沢古墳	5世紀初頭	円墳 直径20m
	山口県周南市・竹島古墳	5世紀前半	前方後円墳 56m

の鏡が卑弥呼の鏡でないと否定されると、邪馬台国畿内説は大崩壊しかねないのである。

この紀年銘のある三角縁神獣鏡として、正始元年鏡が三枚、景初三年鏡が一枚見つかっている（図表20）。もし、これらの鏡が本当に卑弥呼が魏からもらったものであれば、国の超一級の宝として、後の正倉院のような所で保存されるであろう。

ところが出土地は揃いも揃って畿内から遙か離れた鄙びた所である。出土地を地図に示すと図表21となる。

しかも、これらの古墳はいずれも小さく、築造時期が新しい。蟹沢古墳は円墳で直径二十mと小さく、築造は五世紀初頭で、正始元（二四〇）年からは一五〇年もの隔たりがある。森尾古墳も小さな方墳で、鏡は北方に離れた石室から出土しており、持ち主の重要な品とは思えない。

これらの古墳が造られたのはいずれも五世紀前後で、ヤ

■図表21　紀年銘三角縁神獣鏡出土地

マト朝の前方後円墳体制が一番華やかな時である。しかるに蟹沢古墳、森尾古墳は、本流の前方後円墳ではなく、しかも小さい。これらの古墳の主は、ヤマト朝直系の重要な官職にあった人ではないようだ。竹島古墳は前方後円墳だが、墳丘長五十六mは村長クラスのもので、とても重要な官職についていたとは思えない。

本当に「正始元年」なのか

紀年銘鏡であれば、当然「いつ」「どこで」「何が」あったのかが書かれていなければ、わざわざ紀年銘を入れる意味がない。

二〇二〇年のオリンピックの開催地が東京に決まった。ちょうど五十年前の昭和三十九（一九六四）年秋、東京でオリンピックが開催され、それを記念してコインが発行された。それには、「いつ」（昭和三十九年）、「どこで」（東京）、「何が」（オリンピック大会〈五輪マーク」）が刻まれており、一目でわかる。

ところで、この鏡は「正始元年鏡」と言われているが、本当に「正始元年」を表していて、この年に作られたのであろうか。この鏡はリアルタイムで作られたのか。それが大きな疑問なのである。

「正始元年」の四字があってこそ、この鏡は卑弥呼の鏡として値打ちがあり、最高に評価されうる。ところがこの鏡、三枚が三枚とも肝心要の「正始元年」がまともに残るものが一枚もない。これは全く異常と言わざるを得ない。

蟹沢鏡　□始元年　※□は欠字を示す
森尾鏡　□□□□
竹島鏡　正始□□

年号を見ると、蟹沢鏡は第一字の部分から大きく欠けている。森尾鏡は「正始元年」をはじめ、銘文のあちこちがいくつも欠けている。

正始元年鏡の中で唯一「正」の字があると言われる竹島鏡の実体はどうであろうか。

この鏡は個人蔵で、破砕されており、破片の数は鈕と縁部十一片をも含めて大小五十九片にも及ぶ。写真で見ても縁の三角形が二カ所で大きく欠けてなくなり、内区も半円近く欠けたり、反対側も大きく欠けるなど無残な姿である。この姿からはリアルタイムで作られ、大事な記念鏡として取り扱われた様子を想像することはできない。一般的な三角縁神獣鏡のほとんどが完形鏡であることから、その異常さが目立つ。

この竹島鏡を観察した西田守生氏（文献42）によると、「殆どすべて表裏とも緑青に蔽《おお》われ、鋳上りもよくない。裏面の図像と銘文は模糊としている」という。また、踏み返し鏡と見られ、「櫛歯紋帯と、縁部斜面の鋸歯紋帯の鋳型の崩れ方が目立つ」という。

さて、肝心の「正」の字はどうであろうか。西田氏は次のように述べている。

銘帯の残片の幅は半分に満たず、加えて前述のように鋳上りが悪い上に銹《さび》に蔽われている。辛うじて「正」字の三本の横の画らしきを確かめえた。しかし正始の「正」字に限らず、泰始の「泰」にしても、三本の横の画があるわけである。この鏡片は鋳上りが悪いけれども、「泰」字の構造上、右手に当る斜めの画は見当らない。なお、この字が「正」としても、他の字に比べると、上下が短いことに疑問が残らないわけではない。しかし、蟹沢古墳出土鏡に見える「壽如金石」の「石」字が同じ程度の短い字であるから、正始の「正」字と考えて差支えないであろう。

つまり、これが一〇〇％正真正銘の「正」の字とは断言できないということであろう。

また、竹島古墳からは「天王日月」銘を持つ三角縁神獣鏡と画像鏡も出ている。これら二枚は先の正始元年鏡と違い、ほぼ完形鏡として出土した。「天王日月」鏡は同型鏡が椿井大塚山古墳から四枚、他から二枚、合計六枚が知られている。この鏡は鈕座付近が欠けてはいるが、完全な円形である。同じ古墳から出た三角縁神獣鏡なのに、状態が全く違っている。

この竹島古墳は五世紀前半の築造と言われる。そこから三世紀の紀年銘鏡が踏み返し鏡として出ていることになり、これはかなり不自然なことと思われる。

日本で出土した紀年銘鏡は十三枚ある。そのうち肝心の年号が欠けているのは四枚しかない。しかもそのうち三枚を、卑弥呼がもらったと言われる正始元年鏡が占めているのである。紀年銘鏡で一番大事である年号が欠けては、その鏡の存在価値はなくなる。

弥生時代の鏡に破鏡や破砕鏡が多く見られたのに対し、三角縁神獣鏡は完全な円鏡の形で出土する。例えば、最近発掘された黒塚古墳の三十三枚もの鏡を見ても、少しだけ欠けている二枚を含めて皆丸い形で出ている。

ちなみに、三角縁神獣鏡の写真が大量に掲載されている『考古資料大観5　弥生・古墳時代鏡』（文献21）で調べてみると次のようであった。

総数二〇二枚
少し欠け　十六枚（約八％）
かなり欠け（四〜五cm以上）　九枚（約四・五％）
鏡片　一枚

現在五百枚以上出土しているこの鏡の約四〇％をチェックしても、かなり欠けたものは五％以下に過ぎず、完形鏡と言われるのも当然であろう。

完形であたり前の三角縁神獣鏡で、正始元年鏡の三枚が三枚とも肝心の「正」の字が欠けるというのは異常という他はない。イギリスの名探偵シャーロック・ホームズならこう言うだろう。「ワトソン君、これは事件だ」

チャートが明かす正始元年鏡の真実

この正始元年鏡は同年に作られたものであろうか。これについては、正始元年に作った

■図表22　紀年銘鏡と鉛同位体比

紀年銘鏡と出土地または所蔵者	鉛同位体比（Pb/Pb）				文献
	207/204	207/206	206/204	208/206	
景初三年　島根県・神原神社古墳	15.655	0.8573	18.261	2.1226	59
景初三年　大阪府・和泉黄金塚古墳	15.624	0.8621	18.123	2.1328	
正始元年　兵庫県・森尾古墳	15.649	0.8600	18.196	2.1275	
正始元年　群馬県・蟹沢古墳	15.597	0.8630	18.074	2.1342	
正始元年　山口県・竹島古墳	15.706	0.8606	18.250	2.1313	
景初四年　京都府・広峯15号墳	15.611	0.8643	18.062	2.1365	
景初四年　辰馬考古資料館	15.650	0.8602	18.193	2.1287	
青龍三年　京都府・大田南５号墳	15.637	0.8588	18.208	2.1246	
青龍三年　個人蔵	15.651	0.8613	18.171	2.1305	20

というリアルタイム説、いや、後世になって記念に作ったというメモリアル説がある。チャートを使って検証してみよう。

図表22のうち、景初三年鏡、正始元年鏡についてチャートを描くと図表23になる。これを見ると、正始元年鏡三枚はバラバラで重ならない。同時に同じ所で作ったものであれば、誤差はあっても、ある程度の範囲内で収まるはずだが、この三枚は全く離れている。

景初三年銘の三角縁神獣鏡（神原鏡）と画文帯神獣鏡（和泉黄金塚鏡）もバラバラである。これでは、その年に作ったリアルタイム鏡とはとても言えない。

これぐらいは誤差の範囲ではないか、と思う人もいるかもしれない。しかし、同型鏡であろうと

■図表23　景初三年鏡と正始元年鏡の鉛同位体比チャート

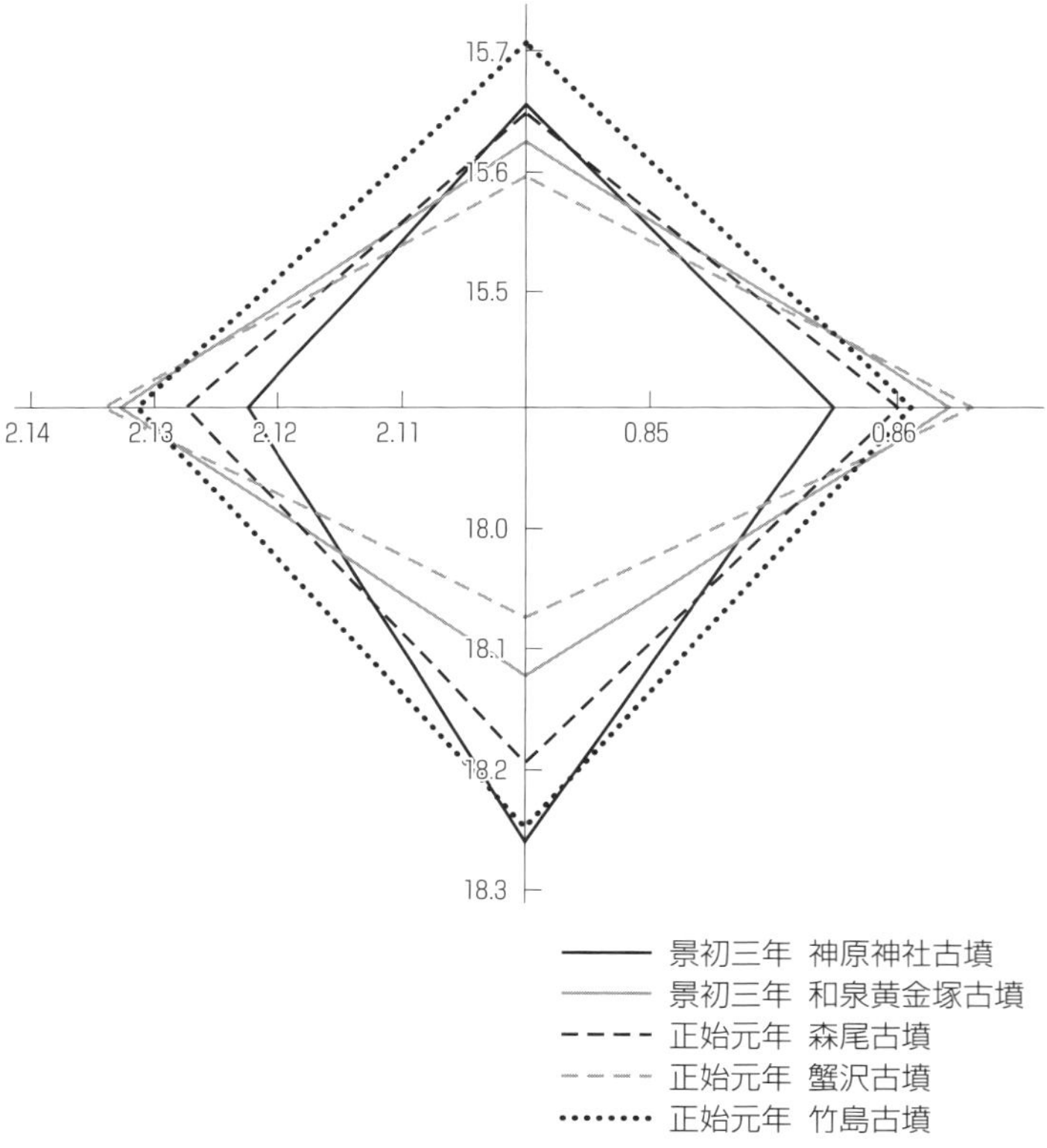

なかろうと、同時に同じ場所で作ったものがこんなにばらけるはずはない。

例として、岡山県・鶴山丸山古墳出土の仿製鏡とされる三角縁神獣鏡一枚と、その他色んな種類の鏡からランダムに三枚を選んでチャートを描くと図表24になる。ほとんど重なって区別がつかない。

舶載鏡についてもチェックしてみよう。兵庫県の城の山古墳から出た舶載の三角縁神獣鏡三枚と重圏文鏡、方格規矩鏡についてチャートを描くと図表25になる。重圏文鏡と方格規矩鏡は鏡種は違うが全く同じチャートになり、同時に作られたことがわかる。三角縁神獣鏡三枚のずれもほんのわずかで、同時に作られたか、同じ場所で作られた可能性が高い。

以上のことから、正始元年鏡は、決して同時に同じ場所で作られたリアルタイム鏡とは言えない。

竹島鏡は文様が曖昧模糊としていることから踏み返し鏡とされているが、チャートでも大きくずれており、他の鏡とは同時期ではなく、かなり時間が経ってから作られたことを証明している。そもそもこの鏡が五世紀前半の古墳から出ていることから、リアルタイムではなく、後世に踏み返して作られた鏡で、メモリアルとも言えないような感じを与える。

三角縁神獣鏡は、卑弥呼のお土産物として短時間に大量に作る必要があったため同型鏡

■図表24　鶴山丸山鏡の鉛同位体比チャート

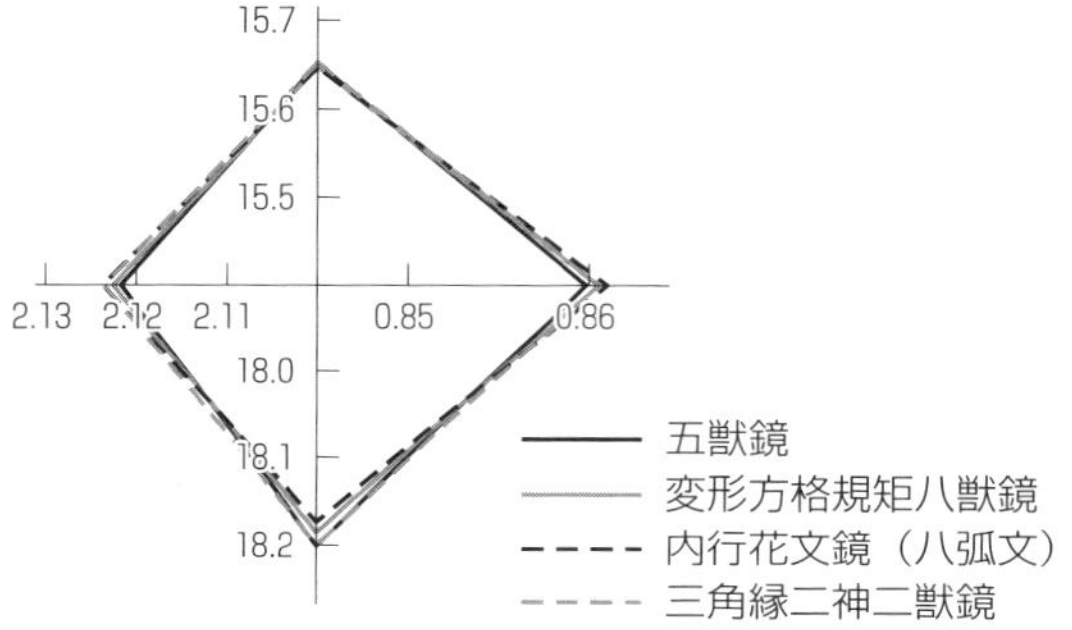

■図表25　城の山鏡の鉛同位体比チャート

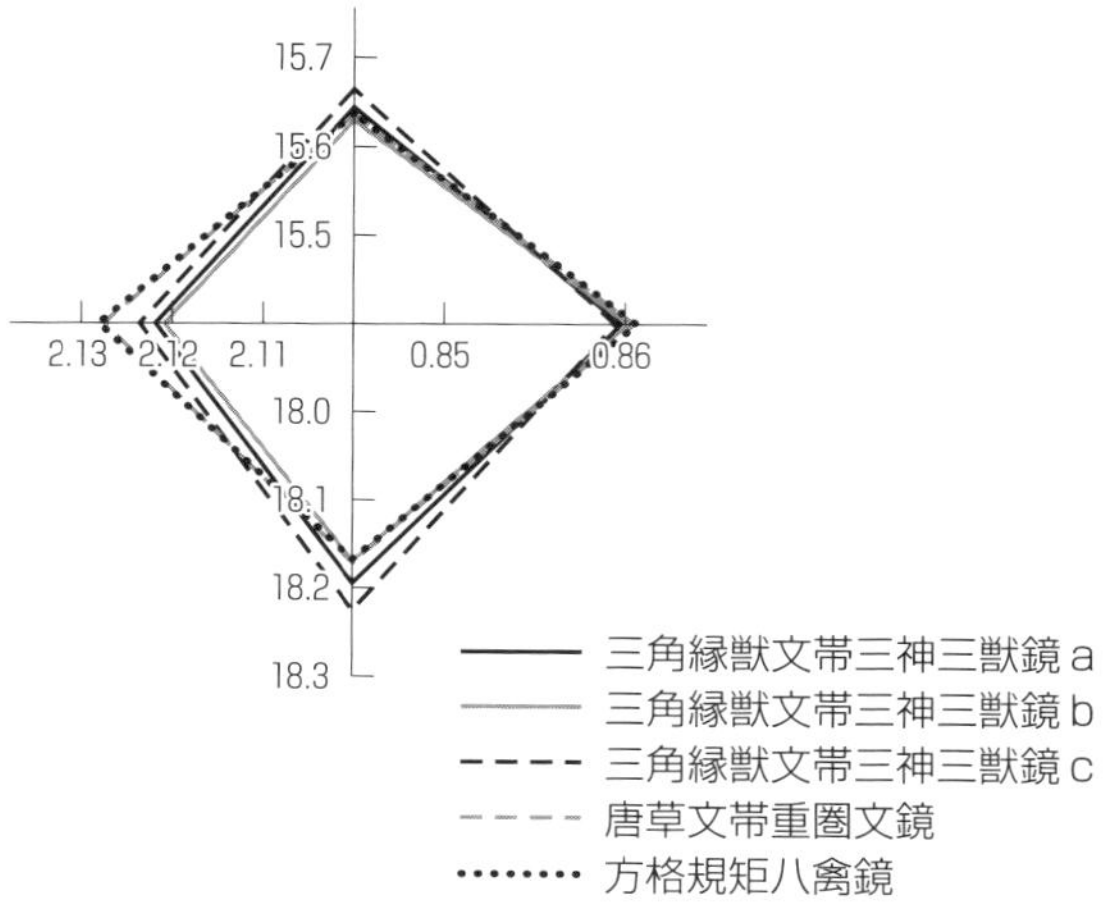

が多いのだといわれている。同型鏡は同時に作られたと考える人が多いと思われるが、実際はどうであろうか。

舶載鏡と言われる椿井大塚山古墳出土の四組十枚の同型鏡について、鉛同位体比のチャートを描くと図表26A～Dになる。

図表26Aの銘帯並列式四神四獣鏡二枚はほとんど同じだが、少し違うところもあるので同時でない可能性もある（竹島鏡については後述）。図表26Bの二枚はチャートが大きく異なるので同時製作ではない。図表26Cの二枚もバラバラなので同時製作ではない。

図表26Dの獣帯並列式四神四獣鏡四枚は、チャートが二つの形に分かれる。aとcはほぼ同時、bとdはほぼ同時製作と言える。四枚の同型鏡は二組に分かれ、組ごとに同時に作られているようだ。なお、この四枚は竹島古墳出土の銘帯並列式四神四獣鏡と同型鏡と言われている。図表26Dに竹島鏡を加えているが、これを見る限り同時製作とは言い難い。むしろ図表26Aにあるように、竹島鏡はa鏡と同時製作の可能性が高い。

以上から、舶載鏡とされる椿井大塚山鏡について、同型鏡は多いが、同時製作と言えないものも多いことがわかった。この結果は、正始元年鏡三枚は同時に作られていないのではないか、という疑念をさらに強くさせる。

■図表26Ａ　椿井大塚山同型鏡の鉛同位体比チャート①

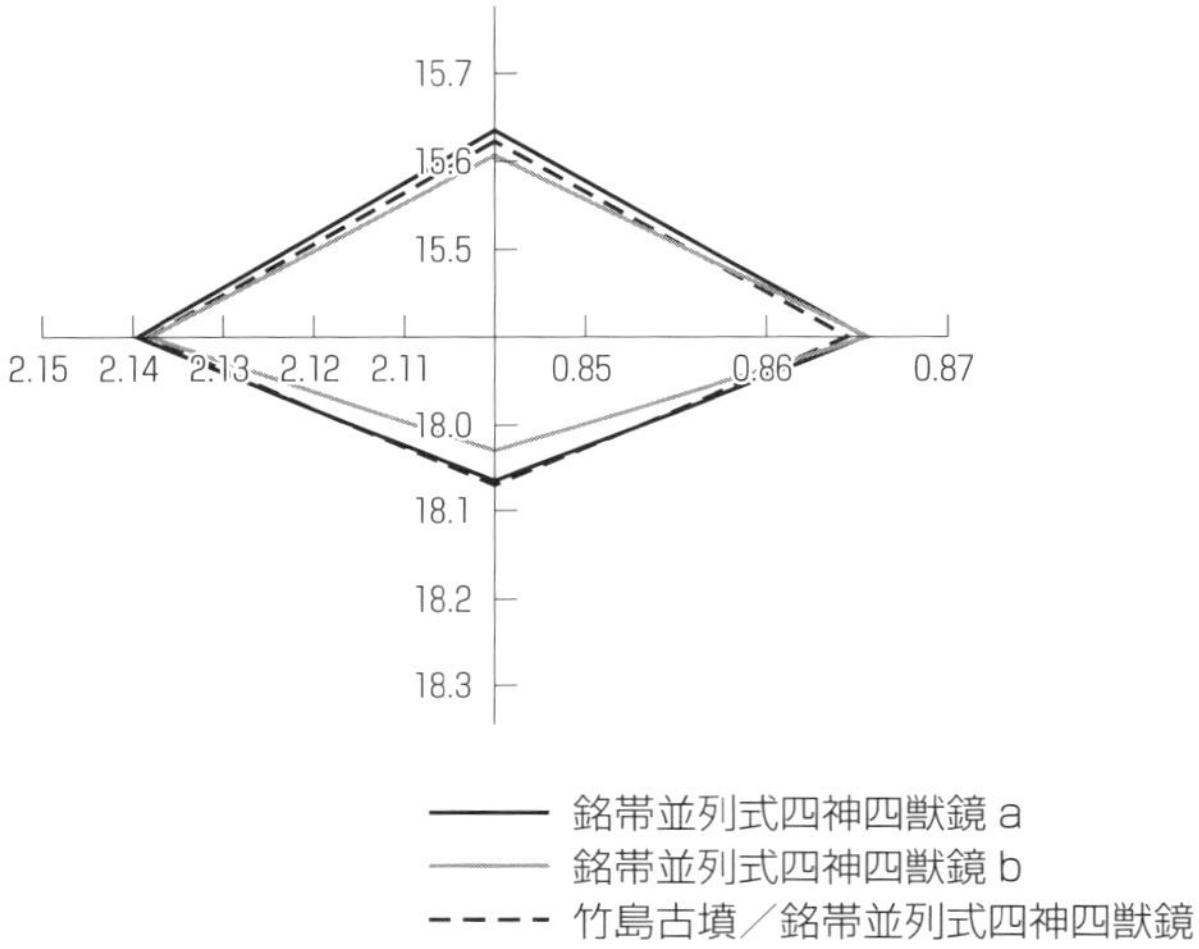

■図表26Ｂ　椿井大塚山同型鏡の鉛同位体比チャート②

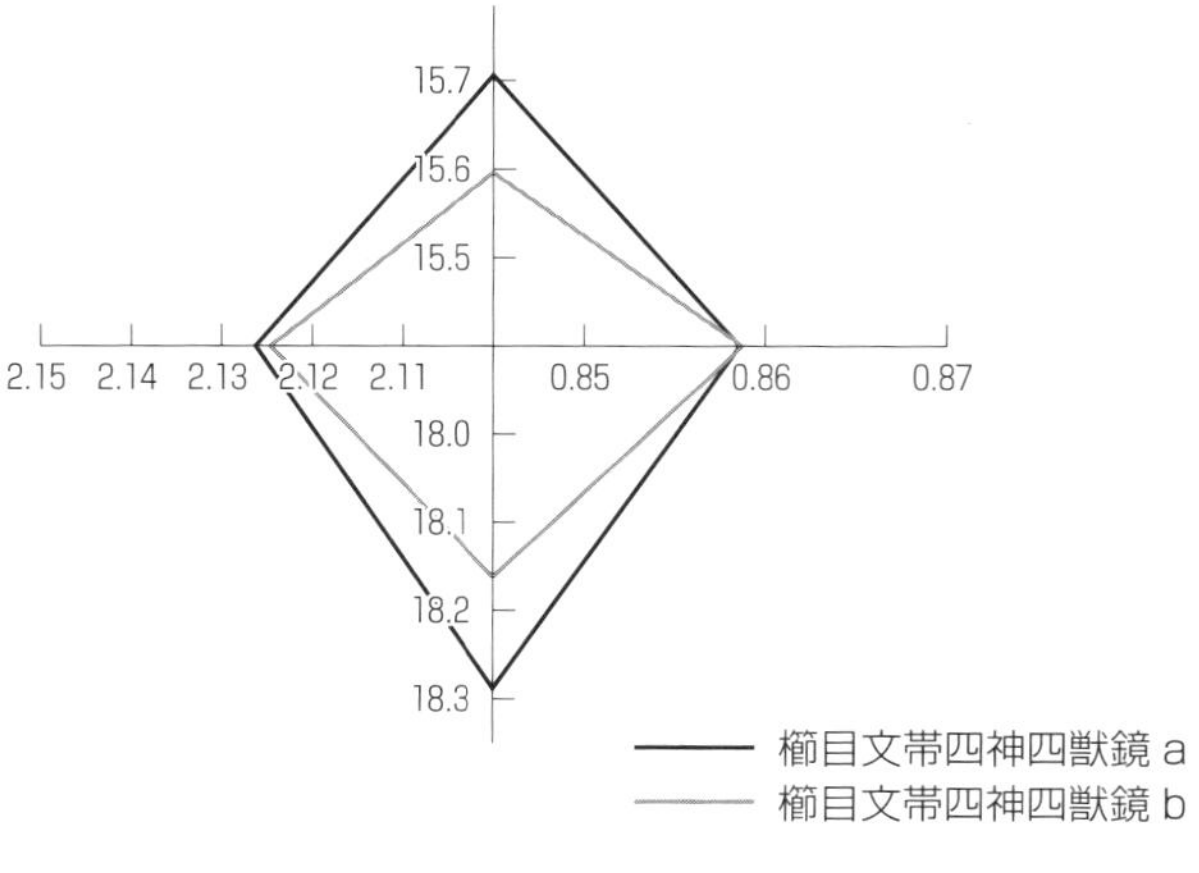

■図表26C　椿井大塚山同型鏡の鉛同位体比チャート③

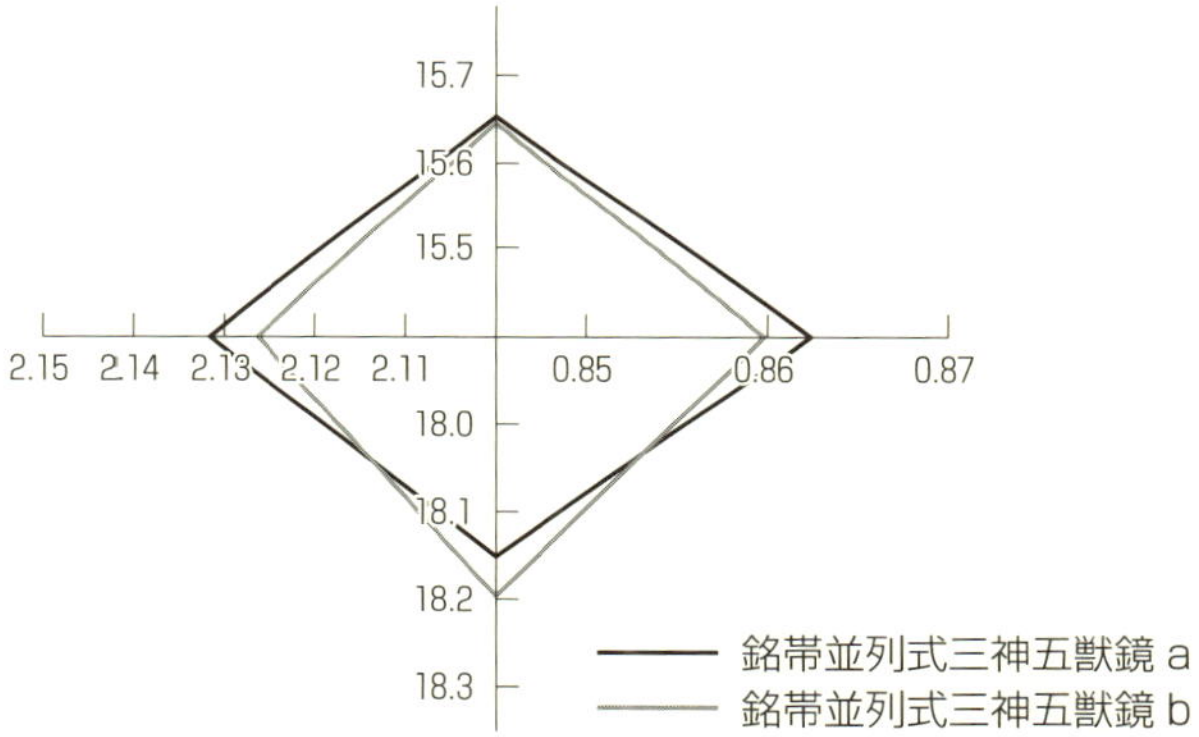

■図表26D　椿井大塚山同型鏡の鉛同位体比チャート④

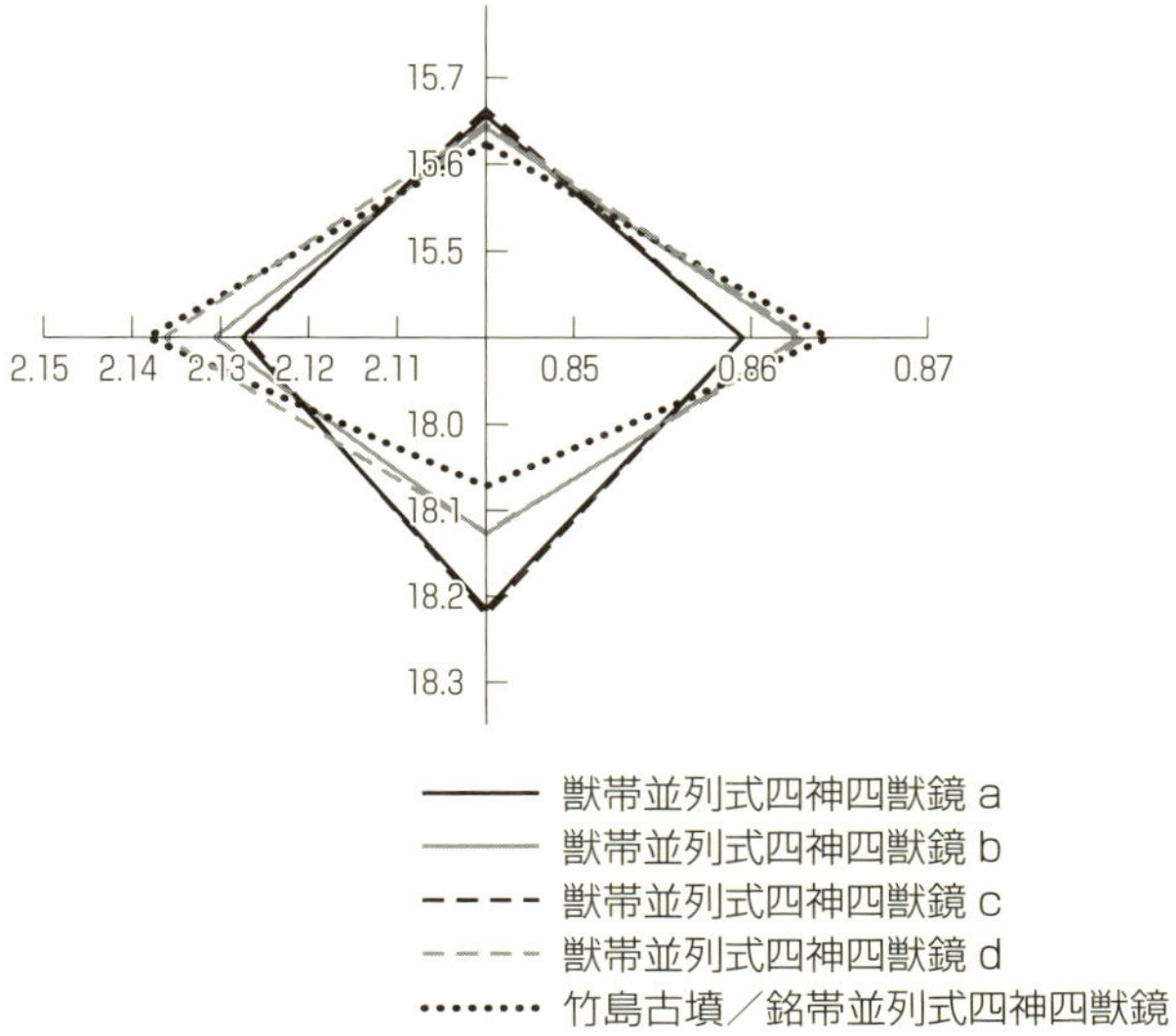

陳氏の鏡

卑弥呼の鏡とされる紀年銘鏡は正始元年鏡だけではない。

大阪大学の都出比呂志氏は、平成十（一九九八）年三月十六日の「毎日新聞」で、「四世紀までかなり長期間、三角縁神獣鏡を作りつづけた、とみられる。したがって、五百枚あっても不思議ではない。（略）国産鏡説をとる人たちはなぜ景初三年や正始元年の紀年鏡があるのか、説明する必要がある。（略）中国には紀年銘を入れて与える慣例があったのです。倭国のために特別に作った『特鋳説』を私はとります」と述べている。

また、同年五月に高槻市で行われた「邪馬台国と安満宮山古墳」のシンポジウムの中で都出氏は、「これまで発見された三角縁神獣鏡のうち第Ⅰ群の約四十面、すなわち、これまでの出土総数の少なくとも一割ほどが景初三年の卑弥呼の遣使で獲得した『銅鏡百枚』の主要部分をなすといえます」とされている（文献60）。

そして、日本出土の中国の紀年銘鏡一覧を図表27のように示している。なお、この表中で赤烏元年、七年銘の平縁神獣鏡は呉の鏡とはっきりしている。また、元康□年銘鏡も晋の時代で、卑弥呼の死から約半世紀も経っているので検証しない。

■図表27　日本出土の中国の紀年銘鏡一覧（文献60）

鏡　式	径(cm)	紀年銘	出土古墳または所蔵者
方格規矩鏡	17.4	魏・青龍三年（235）	安満宮山古墳（大阪府）
方格規矩鏡	17.4	魏・青龍三年（235）	大田南５号墳（京都府）
平縁神獣鏡	12.5	呉・赤烏元年（238）	鳥居原狐塚古墳（山梨県）
三角縁神獣鏡	23.8	魏・景初三年（239）	神原神社古墳（島根県）
画文帯神獣鏡	23.1	魏・景初三年（239）	和泉黄金塚古墳（大阪府）
斜縁盤龍鏡	17.0	魏・景初四年（240）	広峯15号墳（京都府）
斜縁盤龍鏡	17.0	魏・景初四年（240）	出土古墳不詳（辰馬考古資料館）
三角縁神獣鏡	22.6	魏・正始元年（240）	蟹沢古墳（群馬県）
三角縁神獣鏡	22.6	魏・正始元年（240）	森尾古墳（兵庫県）
三角縁神獣鏡	22.6	魏・正始元年（240）	竹島古墳（山口県）
平縁神獣鏡	17.0	呉・赤烏七年（244）	安倉高塚古墳（兵庫県）
平縁神獣鏡	13.0	晋・元康□年（291－299）	伝上狛古墳（京都府）

（銘文など一部省略）

　これらの紀年銘鏡はどこで作られたのであろうか。魏の紀年銘鏡であれば当然、当時の官営工房の名を含む「右尚方作竟」の字があるはずである。しかし、青龍三年銘の方格規矩鏡は「顔氏作竟」とあり、残り七枚の鏡は「陳是作竟」という文字がある。つまり、民間人の陳氏が作りましたと書いてある。民間工場でも作っていけないことはなかろうが、そうであればなおのこと、銘文に少しでも魏と邪馬台国や卑弥呼との政治的な交流のことを書き入れなければならない。

　では、そこに何を書いているのか。

神原神社古墳出土の景初三年銘三角縁神獣鏡には、なんと「陳是作竟自有経述」とある。これは、この鏡は私陳が作りました、私の出自を述べますという銘文である。詔書で魏王は「親魏倭王として汝をいとおしむ。国中の人にそのことを広く知らしめよ」としつこいぐらい書いているのに対し、銘文にはその気配は微塵もない。

この鏡の銘文を訳すと、「景初三年、私陳がこの鏡を作りました。私は都の鏡師でしたが、こちらに亡命して来ました。私が作ったこの鏡を持てば、役人であれば三公の地位に出世し、母であれば子や孫に恵まれ、寿命は金石のように長生きできます」となる。政治的な交流などを想像できるような文言はなく、この鏡の御利益のことしか述べていない。つまり、魏と卑弥呼との交流を示す言葉は全くない。

これでは、紀年銘鏡として全然意味をなさない。そのため、魏鏡説の人はこれらの銘文には触れない。いや、触れられないのだ。だから、年号だけを頼りに魏鏡、魏鏡と言い立てている。

紀年銘鏡に書いてある銘文をもっと詳しく見てみよう。

方格規矩鏡以外の七枚の鏡の作り手は陳氏である。これらの鏡の銘文には共通点が多い。

●「陳是作鏡」が共通

●「保子宣孫」が共通
●「諾」という独特の字を使用
●「自有経・地命出」が共通（三角縁神獣鏡のみ）

以上のことから、ここに挙げた七枚の鏡は、同じ陳氏が作ったものにまず間違いない。ところが、斜縁盤龍鏡にある「景初四年」という年号は、魏の国にはない。景初は三年までで、この年正月に皇帝が死んだため、翌年に改元されている。中国では当然このことを皆知っている。だから、中国でこの鏡を作ることはあり得ない。

陳氏は景初四年という中国の年号にない鏡まで作ってしまった人である。ということは、陳氏が作った紀年銘鏡は中国以外の地で作られたもので、卑弥呼の鏡ではないと言える。

同型鏡は日本の専売特許？

次に青龍三年銘の方格規矩鏡を見てみよう。

この鏡も卑弥呼の鏡であると言う人もいるが、青龍三年は二三五年で、卑弥呼が使いを出したのは景初三（二三九）年である。その四年も前に、卑弥呼が来るから前もって特鋳したというのであろうか。当時の情勢を考えると到底あり得ない。

楽浪郡は三世紀になると公孫氏が押さえ、倭は帯方郡に属している。したがって、魏が公孫氏を景初二（二三八）年に滅ぼすまで、倭は魏と通交できる状況ではなかった。

この方格規矩鏡は表中の二枚の他、個人蔵の同型鏡がもう一枚あり、車崎氏が二〇〇一年の『考古学雑誌』で紹介している（文献20）。同氏は観察の結果、傷の有無、鋳上がりの鮮明さなどから、大田南鏡→安満宮山鏡→個人蔵鏡の順に作られた同型鏡とされている。

この鏡のL字形は正L字形で、逆L字形を通則とする漢代の鏡とは違っており、文様も中国鏡らしからぬとされる。銘文は長いが、前漢末から後漢初期の中国製の方格規矩鏡によくある文章で、子孫に恵まれ長生きし、出世しますと、鏡の効用を書いている。

鉛同位体比を見ると、大田南鏡2.1246、個人蔵鏡2.1305と三角縁神獣鏡の範囲に入っていて、倭国で作られたことを強く示唆している。安満宮山鏡は残念ながら測定されていないようだ。また、鈕口も長方形で三角縁神獣鏡と同じであり、倭製鏡を思わせるに十分である。

車崎氏はこの報告（文献20）の中で重要なことを書いている。「魏晋の方格規矩鏡に同型鏡が少なくないことは、やはり同型鏡の多い三角縁神獣鏡とのふかい連繋を物語る。しかも同型鏡が日本の出土鏡にかぎられる現象は、日本と中国との魏晋鏡の出土のあり方の違いを示唆して注目される」とし、別表で「魏晋の方格規矩鏡一覧」を示している。同氏は「魏晋の方格規矩鏡に同型鏡が少なくない」と言いながら、「中国鏡には同型鏡が出ていない」と言っている。

一覧表には方格規矩鏡が五十八枚挙げられている。その出土数を中国と日本に分けてみると図表28のようになる。このうち同型鏡は、日本で五組十一枚出土しているが、中国ではゼロである。

同氏の言う「魏晋の方格規矩鏡に同型鏡が少なくない」の冒頭に「日本で出土する」を書き加えて、初めてこの文章が生きてくる。

■図表28　魏晋の方格規矩鏡

出土地	鏡　数	同型鏡の数
中国	20	0
日本	38	11（5組）
合計	58	11

菅谷文則氏は中国を視察し、現地の鏡を詳しく観察されているが、やはり、中国には同型鏡はない、と言われている（文献51）。

そういう目で先の図表27を見ると、日本で出土した方格規矩鏡やその他の紀年銘鏡も同型鏡が多く、同型鏡が異常に多い三角縁神獣鏡が中国では出土せず日本でのみ出土している理由、つまりこれらの鏡が倭製鏡であることを示唆しているのではないだろうか。

■図表22－2　紀年銘鏡と鉛同位体比

紀年銘鏡	鉛同位体比（Pb/Pb）				文献
	207/204	207/206	206/204	208/206	
正始元年　森尾鏡	15.649	0.8600	18.196	2.1275	59
景初四年　辰馬鏡	15.650	0.8602	18.193	2.1287	
青龍三年　大田南鏡	15.637	0.8588	18.208	2.1246	
青龍三年　個人蔵鏡	15.651	0.8613	18.171	2.1305	20
景初四年　広峯鏡	15.611	0.8643	18.062	2.1365	59
正始元年　蟹沢鏡	15.597	0.8630	18.074	2.1342	
正始元年　竹島鏡	15.706	0.8606	18.250	2.1313	

年号の異なる紀年銘鏡が同時に作られた？

図表22－2の紀年銘鏡のデータをもとにチャートを描くと図表29になる。

これを見ると、大きく二つのグループに分かれていることがわかる。正始元年森尾鏡と景初四年辰馬鏡、青龍三年大田南鏡、同個人蔵鏡がAグループを作っている。正始元年蟹沢鏡と景初四年広峯鏡がほぼ同じチャートでBグループを作っている。

このチャートによるグループ分けは、新井宏氏が『古代の鏡と東アジア』（文献51）の中で、「鉛同位体類似指数」で分類した結果（図表30）と全く同一である。

Aグループ、Bグループの鏡は、グループごとに分けて作られた可能性が高い。新井氏は、年号が違う鏡を中国で同時に作ることはまずないと言われており、これらの鏡は中国製ではないし、リアルタイムで作られていないということ

■図表29　紀年銘鏡の鉛同位体比チャート

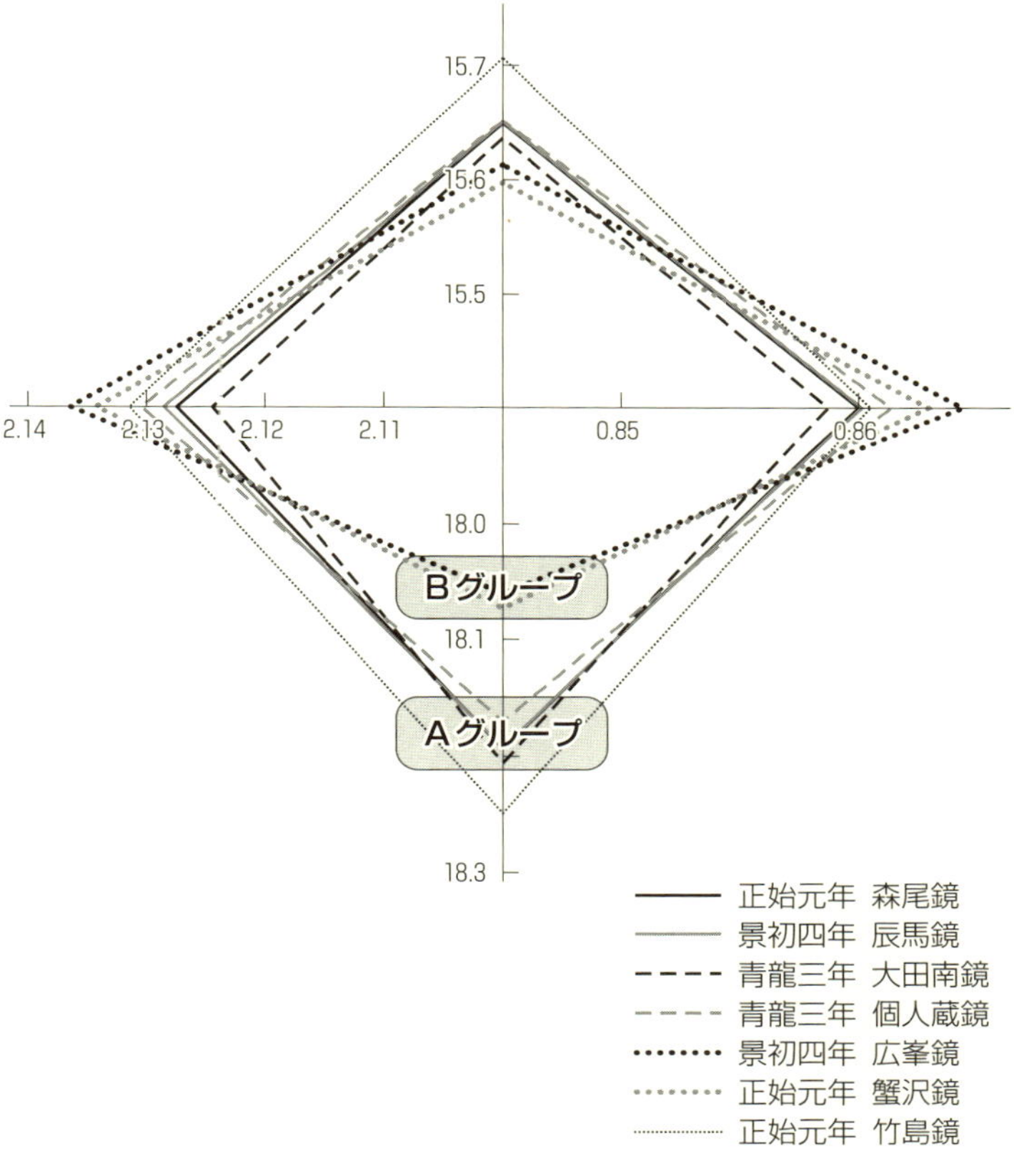

とを示唆している。

しかもこれらは、中国鏡にないと言われる同型鏡が多く、日本でしか出土していないという奇妙な一致を見せ、倭国製を強く思わせる。

図表29では、正始元年竹島鏡はこれらＡＢのグループから少し離れている。つまりこの鏡は、鉛同位体比からも別の時期か、違う場所で作られた踏み返し鏡であると考えられる。

これらの紀年銘鏡は、果たして本当に大事にされていたのであろうか。

■図表30　鉛同位体類似指数による紀年銘鏡の分類（文献51）

Ａグループ	Ｂグループ
正始元年森尾鏡	正始元年蟹沢鏡
景初四年辰馬鏡	景初四年広峯鏡
青龍三年大田南鏡	
青龍三年個人蔵鏡	

図表27に挙げた和泉黄金塚古墳は中央槨、東槨、西槨からなるが、鏡の出土状況を見ると、他の五面はすべて棺内に置かれていたのに対し、中央槨の景初三年銘画文帯神獣鏡だけは棺外の粘土の中に置かれていた。

この古墳を発掘した森浩一氏は、置く位置により、古墳時代の人々がそれぞれの品物に持っていた価値観が窺え、少なくともこの景初三年鏡は貴重な鏡とは認識されていなかったとし、紀年銘鏡には注意が必要だと言っている（文献62）。これが当時の実態ということであろうか。

伝世鏡説

伝世鏡とは

古くから世代を超えて伝えられた鏡を伝世鏡と言う。テレビをよく見る人ならばお馴染みだと思うが、「いい仕事してますね」のあの「開運！なんでも鑑定団」で鑑定依頼される、その家に家宝として大事に守り続けられてきた品も立派な伝世品である。

伝世鏡の始まりは香川県高松市・石清尾山古墳群から出土した方格規矩鏡である。この鏡は背面の文様の磨滅が長期間の使用による手ずれとされ、破損した後も補修してまで使用されたと考えられることから、梅原末治氏により伝世鏡と判断された。

この鏡の直径は一八・二㎝で、外区に獣文帯、内区に四神と瑞獣《ずいじゅう》、四葉座乳、T・L・V字形が入り、「漢有善銅出丹陽」で始まる銘文を持つ。

この鏡の文様が模糊としていることについて、手ずれ説、鋳造不良説があるが、考古学界ではこの手ずれ説が広く認められ、古墳から出土した鏡は、ほとんどが伝世鏡と見なされてきた。

手ずれ説への疑問

伝世鏡は摩耗、手ずれを理由に「伝世したもの」と判断されているようだ。しかし、青銅鏡は木や土で作られたものではなく、銅、錫、鉛の混じった金属鏡である。人間が触ったぐらいでそう簡単に模様が磨滅するだろうか。

試しに、新品の十円銅貨を四、五日おきに往復二万回指でこすってみた。しかし、この程度では模様は全く変化しなかった。

一方、明らかな手ずれの例もある。福岡県太宰府市・太宰府天満宮の牛像と太鼓橋の擬《ぎ》宝珠《ぼし》である。同宮は毎年正月三カ日で二百万人もの参拝客があり、受験の合格祈願などで年中人が途絶えることがない。そして多くの人が御利益を得ようと撫でるため、牛像と擬宝珠はテカテカに光っている（写真2）。しかし、光ってはいるが、擦り減ってへこんだり、穴があいたりしている様子はない。

伝世鏡はどうであろうか。伝世するということは、その権力者がその鏡を権威物として、また、宝器として代々保持していくことであろう。そうであれば、その大事な宝器を日常的に人目にさらしたり、人の手に触れられるようにしておくだろうか。これはもちろん否であろう。鏡などは簡単に持ち去られる可能性もあり、そう簡単に人目にさらすわけにはいかないだろう。

現在、神社やお寺などの宝物を我々は簡単に見ることはできない。かろうじて博物館の特別展などで見ることができるが、それは厚いガラス越しである。

■写真2　太宰府天満宮太鼓橋の擬宝珠

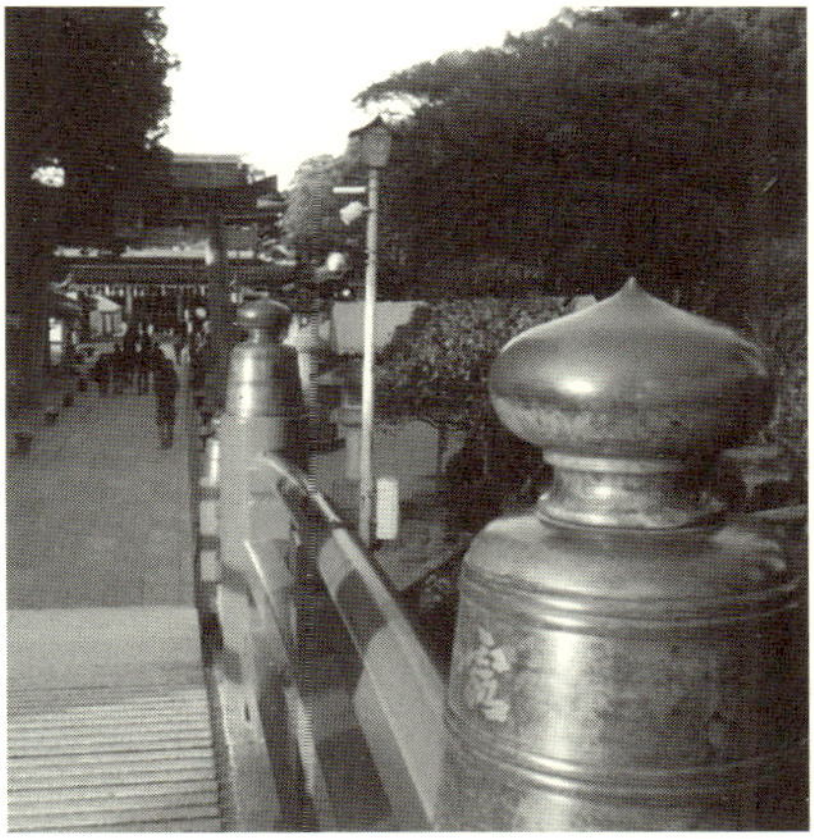

伝世のひろがり

現在、伝世鏡の旗頭は京都大学の考古学者、岡村秀典氏であろう。『三角縁神獣鏡の時代』（文献13）の著者でもある。黒塚古墳から大量に三角縁神獣鏡が出土し、マスコミが大騒ぎするのでこの鏡について知りたいと思っていたところ、目についたのがこの本であった。

早速読んだが、筆者にとっては期待外れであった。読んでも読んでもタイトルの三角縁神獣鏡はおろか、卑弥呼もなかなか出てこない。出てくるのは漢鏡がどうのこうの、伝世鏡があちこちから出ているということばかりで、三角縁神獣鏡や卑弥呼は終わりに近づいた頃やっと出てくる。三、四回読んで、この本の言わんとすることがやっとわかった。つまり、あちこちから出土する漢鏡は伝世したものが多いから、同じ漢鏡八期の三角縁神獣鏡も伝世鏡ですよ、としっかり読者に「刷り込み」をするためと得心した。

濃尾平野の長良川流域にある岐阜市・瑞龍寺《ずいりようじ》山山頂の墳丘墓から、内行花文鏡が出土している。共伴した土器から、岡村氏はこの鏡を弥生後期初頭のものと見なし、伝世することなく副葬されたと言う。

一方、その上流の美濃市・観音寺山古墳からは方格規矩四神鏡が出土している。同氏は共伴した仿製鏡や玉類から墓の年代は古墳時代前期まで下り、この漢鏡は三百年近く伝世したと言う。

岐阜市の鏡は伝世せず、美濃市の鏡は三百年近く伝世したと言うが、本当だろうか。岐阜市と美濃市は長良川の上流下流に隣り合わせに位置しており、その風俗、習慣が大きく違うとは考えにくい。

そして三百年近く伝世したとすると、この方格規矩四神鏡はなんと西暦ゼロ年頃にこの地にもたらされたことになる。

この時代、どんな祭りを行っていたか。銅鐸の祭りであることは常識であろう。事実、瑞龍寺山の麓には上加納《かみかのう》遺跡があり、銅鐸が出土している（文献40）。

後出の図表43（一四三頁）にあるように、この地方では弥生時代の鏡の出土はほとんど見られず、出土するのは弥生も後期末になってからである。それをいとも簡単に三百年伝世したと言えるのか。

この方格規矩四神鏡について美濃市が詳しい報告書（文献61）を出している。その出土状況を見ると、十個に破砕されていて、副葬された時に打ち割られたという。この破砕して副葬する行為は、九州北部から西日本へ、三世紀頃から拡まったと考えられている。

この鏡の鉛値は2.1617～2.1632である。同時に出土した小型仿製鏡の数値は2.1600とほぼ同じ値を示している。この方格規矩鏡は小型仿製鏡と同じ頃に作られたと考えてよい。

では、鏡自体の文様などはどうであろうか。文様全体はぬっぺりとした感じで、四葉座、方格、T・L・V字形などは朦朧としている。そして方格、T・L・V字形をシャープに見せるための線刻痕がはっきりと残っている。

報告書は、この鏡は弥生時代の終末期、あるいは古墳時代の初期の製品の可能性が考えられる、としている。結局、岡村氏の伝世鏡説は否定されるわけである。

十二枚の伝世鏡

岡村氏は『三角縁神獣鏡の時代』で十二の伝世鏡を挙げている。それらをまとめると図表31のようになる。

山口県・国森古墳以下の八例は、いずれも十数m程度の小さな墳墓という。また、観音寺山古墳の方格規矩鏡が二三・六cmの大型鏡である他は、すべて径一〇cm以下の小型鏡であり、磨滅により文様が不明瞭になっているという。

岡村氏は十二例の鏡について、鉛値のある四例も含めて、すべて伝世鏡とされている。また、この四例の鉛値は2.1587～2.1644の間にあり、この数値から前漢鏡とされている。

しかし、第一章で検討したように、この範囲には前漢鏡と銅鐸、小型仿製鏡や三世紀の平原墳墓の仿製鏡など弥生後期の銅製品も入っており、この数値だけではとても前漢鏡とは言えないし、そう断定するのは危険であろう。

福岡県北九州市・南方浦山古墳は四世紀の古墳で、虺龍文鏡《きりゅうもんきょう》は文様が朦朧としていて、鈕の造作も拙劣であり、いかにも仿製鏡といった外観であるという（文献53）。

島根県・小屋谷三号墳出土の虺龍文鏡片は鋳出しが鈍く、内区外側を巡る櫛歯文には鋳潰された部分があり、線もシャープではなく、乳は四個とも頭と座の区別が朦朧として明瞭ではないという（文献53）。

また岡山県・鋳物師谷一号墳出土の虺龍文鏡は、線は太く繊細さに欠け拙劣で、乳と乳座も潰れているという（文献36）。

図表32でわかるように、三つの虺龍文鏡は、三世紀とされる平原遺跡の尚方作方格規矩鏡とほとんど同じ鉛値を示している。

伝世鏡の代表とされてきた香川県高松市・石清尾山古墳群の方格規矩鏡についても、後述のように、デジタルマイクロスコープの精密な観察により、

■図表31　伝世鏡一覧（文献13）

出土地	鏡　種	鉛値
香川県・石清尾山古墳	方格規矩四神鏡	
大阪府・紫金山古墳	方格規矩四神鏡	
兵庫県・森尾古墳	方格規矩四神鏡	
山梨県・大丸山古墳	八禽鏡	
山口県・国森古墳	銘帯鏡（昭明鏡）	
広島県・中出勝負峠８号墳	銘帯鏡（昭明鏡）破鏡	
高知県・高岡山２号墳	銘帯鏡（昭明鏡）破鏡	
福岡県・南方浦山古墳	虺龍文鏡	2.1644
島根県・小屋谷３号墳	虺龍文鏡破鏡	2.1587
岡山県・鋳物師谷１号墳	虺龍文鏡破鏡	2.1625
兵庫県・天王山４号墳	八禽鏡	
岐阜県・観音寺山古墳	方格規矩四神鏡破鏡① ②	2.1617 2.1632

■図表32　虺龍文鏡の鉛同位体比

出土地	鉛同位体比（Pb/Pb）			文献
	207/206	206/204	208/206	
福岡県・南方浦山古墳	0.8791	17.666	2.1644	53
島根県・小屋谷３号墳	0.8740	17.802	2.1587	
岡山県・鋳物師谷１号墳	0.8761	17.737	2.1625	
福岡県・平原遺跡 尚方作方格規矩鏡	0.8785	17.679	2.1649	47

一見曖昧模糊とした文様に鋳肌がはっきりと残っていることが確認されたことから、踏み返し鏡の可能性が高いとされている。したがってこれらの鏡は、岡村氏は伝世鏡とされているが、文様や鉛同位体比を考慮すると、踏み返し鏡などの可能性が高い。

ドラエモンのどこでもドア——鏡のルーツ探し

アメリカ大統領オバマ氏は、米国で初めての黒人大統領である。そこでマスコミがそうしたのか、本人の希望なのか、彼のルーツ探しがテレビなどでよく放送されていた。その結果、先祖はアフリカにあることがはっきりしたという。

漢鏡の年代と分類については序章（二〇頁）で述べた。ここでは代表的な鏡について、そのルーツを探ってみよう（図表33）。

内行花文鏡は連弧文鏡を引き継ぐ鏡と考えられるので前漢まで遡る。以下、方格規矩鏡から画文帯神獣鏡までは発生時期がわかっているので、しっかりルーツが辿れる。

しかし、三角縁神獣鏡まで来ると、途端におかしくなる。多くの人が中国鏡と言うが、中国ではどの時代からも、どこからも出土例がないので、辿り着く所がないのだ。

そうすると、この鏡は起源がないのだから、逆にどこに起源を持っていっても構わないというおかしなことになってしまう。魏であろうと後漢であろうと構わない。ドラエモンの「どこでもドア」のように、自分が好きな所、ここだとドアを開けた所が起源地となる。なぜこんなことになってしまうのか。

考古学で大事なことは、どの時代のどんな所から出土したかということである。このセオリーを無視して、中国から出土していないものを中国鏡としてよいのだろうか？

■図表33　鏡のルーツ探し

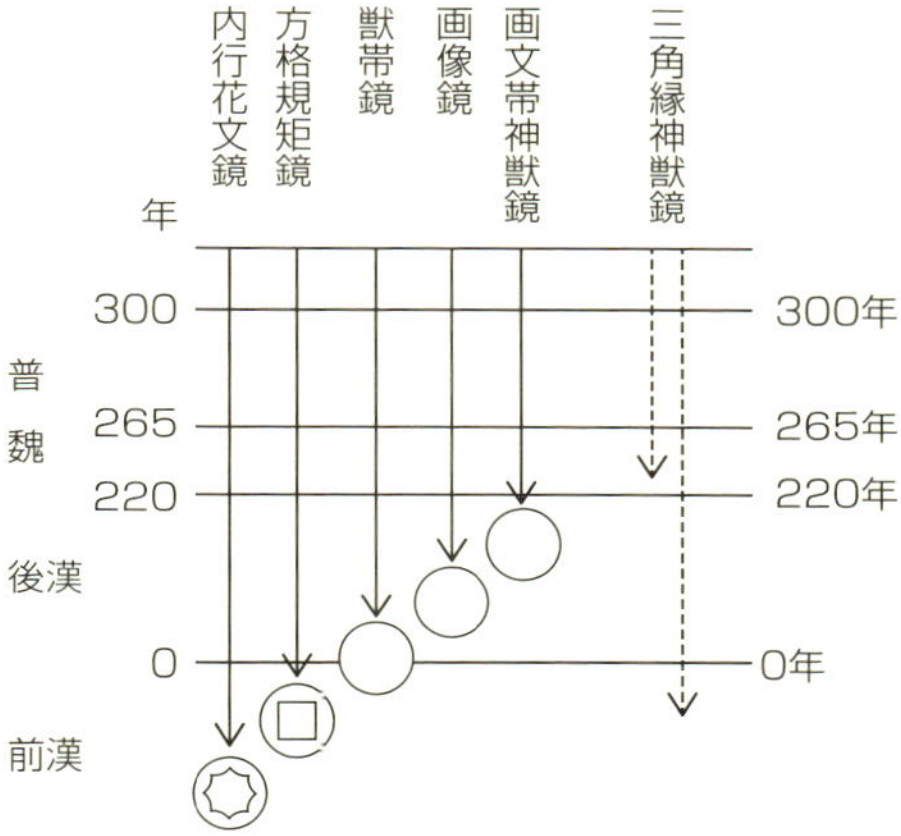

伝世鏡グラフのマジック

弥生時代の鏡の分布は、九州北部にあって近畿地方ではほとんどない。

岡村氏は『三角縁神獣鏡の時代』（文献13）で、楽浪、韓、九州、九州以東の四地域について、二期から七期までの期別に漢鏡の出土数を表したグラフを示している（図表34）。しかし、期ごとに分けたはずなのに、そこに余計な時間軸を取り、左から右へ実年代を書き入れている。そのため、二期から七期までの鏡が、その期の属する年代だけに作られ、出土したように見えてしまう。

同氏は言う。「九州における漢鏡三期後半の突出した出土数をのぞけば、漢鏡六期後半までの二百年間、九州でも、それ以東でも楽浪と同じように漢鏡五期前半にピークがあり、ほぼ軌を一にした増減の変化曲線を描いている」（文献13）。この文章も、二期から七期の鏡が、その期が属する年代の遺跡から出土したというように読める。これはおかしなことである。

九州以東では、弥生時代の鏡の出土数は極めて少ない。念のため時代ごとの鏡数を、寺沢薫氏の「古墳時代開始期の暦年代と伝世鏡論」（文献36）に基づきグラフ化すると図表35のようになる。

同図を見ると明らかなように、弥生時代後期とされる二百年まで、圧倒的に鏡の出土が多いのは九州であり、九州以東ではほんのわずかである。しかし、二五〇年頃から九州以東での出土数が多くなり、それ以後逆転する。このように考古学的事実として、九州と九州以東では出土時期が違うのである。

では、図表34の三期後半から九州以東で出土した多数の鏡は、どこから出てきたのであろうか。考えられるのは四世紀以降とされる古墳しかない。

■図表34　漢鏡出土数の変遷

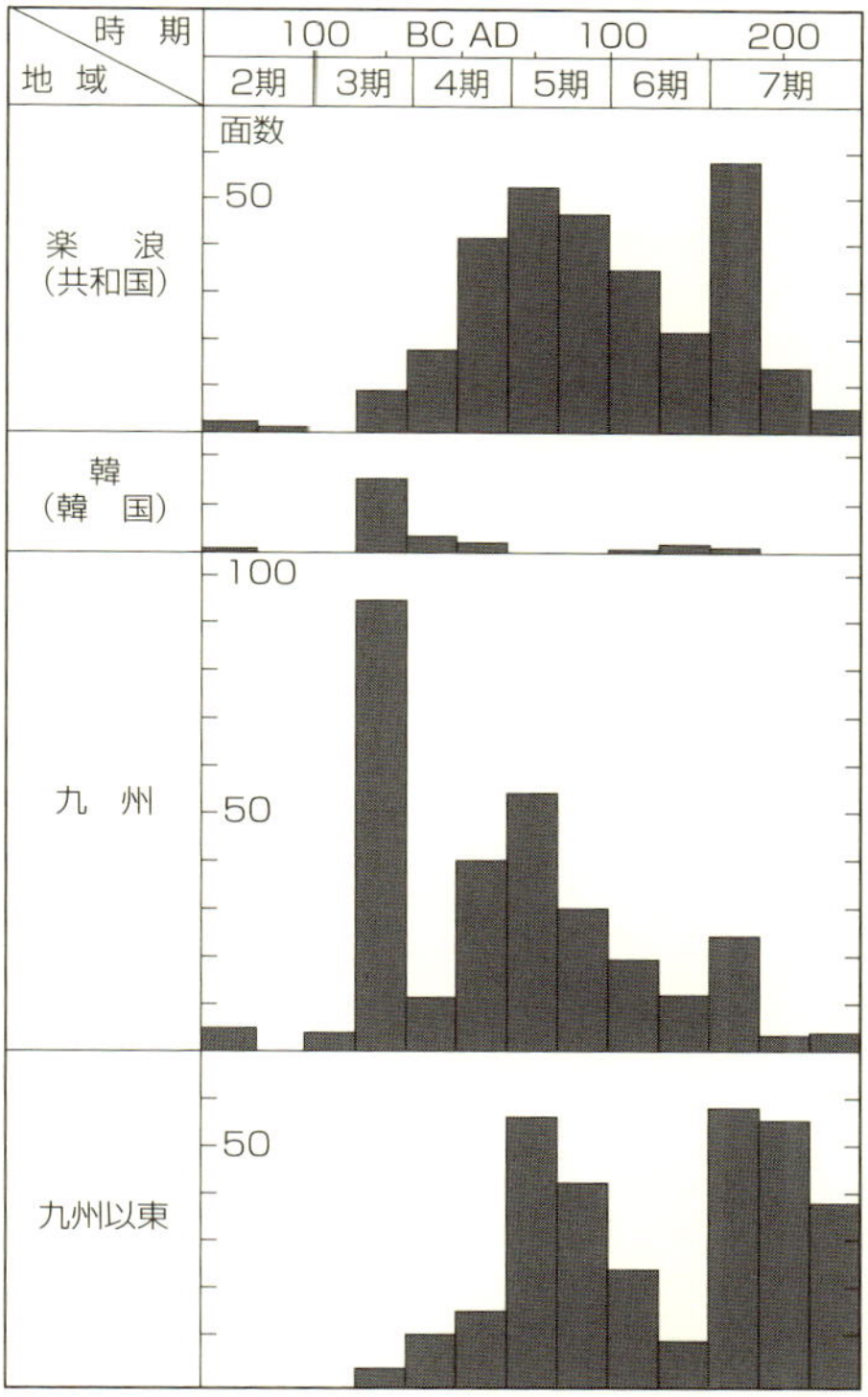

(岡村秀典『三角縁神獣鏡の時代』〔吉川弘文館〕をもとに作成)

■図表35　漢鏡の出土数

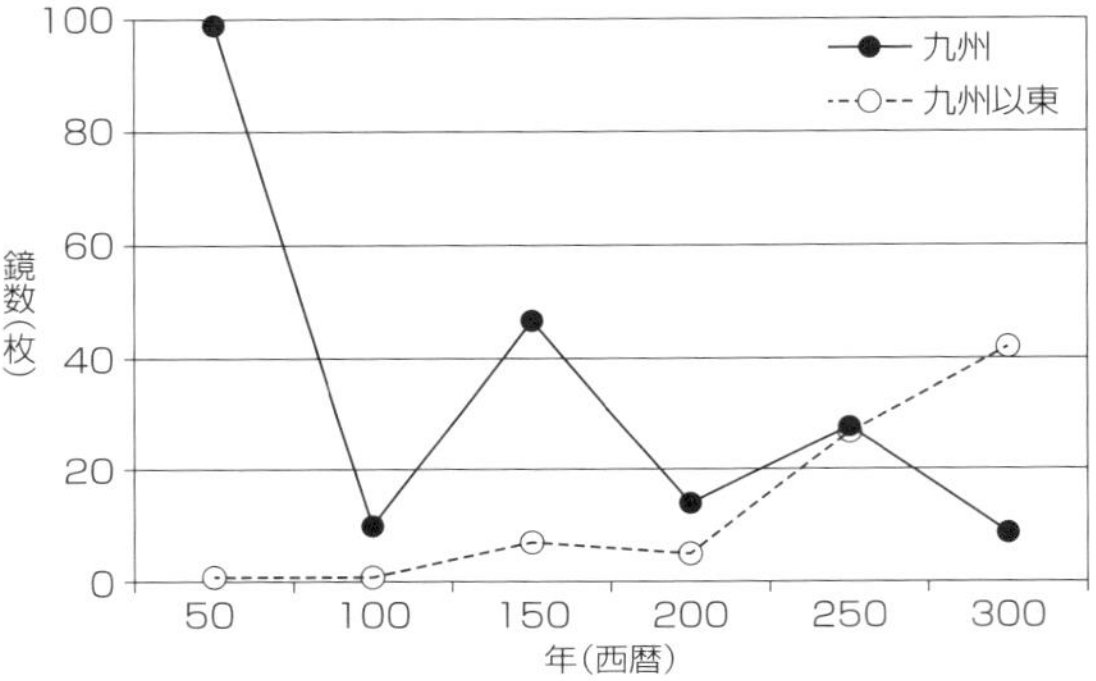

古墳からは各種の漢鏡が三角縁神獣鏡と同伴して出ている。そこで小林行雄氏は、漢の時代に作られた三角縁神獣鏡が副葬されずに伝世され、四世紀になって古墳に副葬されたという伝世鏡説を唱えたのである。

岡村氏がこれらの漢鏡について、一期から八期まで分類された業績は大きい。鏡について考える際のメルクマールとして非常にわかりやすい。

しかし、同氏が作ったこの図表34のグラフは明らかにおかしい。近畿の弥生時代、そこには鏡などなかったのに、現代の花咲か爺さんが灰をまいて花を咲かせたかのように、忽然と漢鏡が現れている。

実際に出土したのは四世紀の古墳からなのに、ある期に属する鏡がその期の実年代、例えば、五期に属する鏡がすべて西暦四〇～一〇〇年の間に出土していることになっている。

しかし、それらの漢鏡は魏・晋時代にも復古鏡（仿古鏡）として延々と作られ続けている。中国で発掘される漢墓や晋墓から内行花文鏡や方格規矩鏡が続々と出土しているが、これらはそのほとんどが復古鏡または仿古鏡と言われ、その出現時期よりもずっと後の時代に作られたものである。さらに倭国でも踏み返し鏡などとして作られ続けている。

古墳から出土する漢鏡は、決してその鏡の属する期に作られたものばかりではない。後漢や魏・晋で作られた復古鏡や日本で作られた仿製鏡などがごちゃ混ぜになっていることは、今では常識となっている。

■図表36　漢鏡の区分例

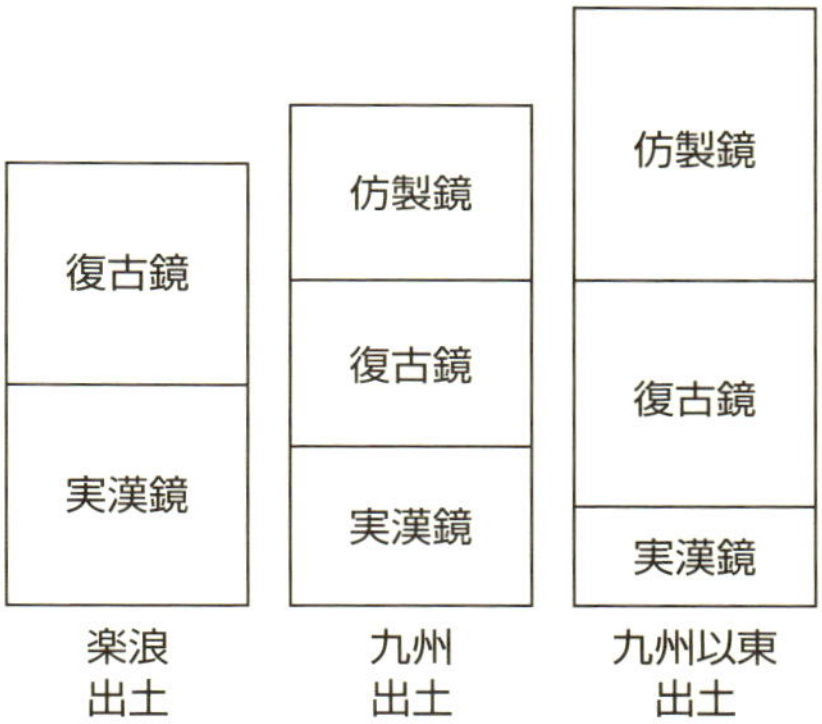

これまで述べたことをわかりやすく図にまとめると図表36のようになる。九州以東では実際に漢の時代に作られたものは少なく、復古鏡や仿製鏡が圧倒的に多い。

しかし岡村氏は、「専門は中国考古学」と自身で言いながら、漢鏡の考古学的な出土時期を無視し、復古鏡、踏み返し鏡などの存在には言及せず、見かけの型式だけでこのようなグラフを作っている。なぜだろうか。

森浩一氏は、考古学の基本資料を遺物と見るか、遺跡と見るかの方法論の違いについて、遺物も遺跡の一部でしかないとし、考古学の対象としての遺跡の重要性を述べておられる（文献65）。遺物だけを取り出して、自分の都合で勝手に処理してはいけないということであろう。

岡村氏は図表34を説明した節の最後で一行だけ「日本列島のそれ（九州、九州以東での漢鏡出土数の変遷がほぼ軌を一にすること）は伝世鏡をふくめた統計であり、伝世鏡を認めてはじめて漢鏡と史書との整合的な理解が可能になる」と書いている（文献13）。

さらに図表34を見ていて気付いたことがある。漢鏡は八期に分けたはずであるが、この図では七期までしかなく、八期分だけがすっぽり抜け落ちている。これは腑に落ちない。そこで、この図表34の年代を延長し、八期の鏡である三角縁神獣鏡を加えてみたのが図表37である。

楽浪から出土した七期までの漢鏡は二〇〇年頃までにすでに計上されていることから、三〇〇年頃にはない。また、三角縁神獣鏡は一枚も出土していないから当然ゼロである。

一方、日本の古墳から出た鏡のうち、漢鏡は二期から七期までに振り分けられているので八期（三〇〇年頃）にはない。残るのは八期の三角縁神獣鏡だけとなる。九州、九州以東から出たものを三〇〇年以降に振り分けると図表37ができあがる。
すると、おかしなことに気付く。漢鏡は二期から七期まではすべて楽浪で出土している

■図表37　漢鏡出土数の変遷②

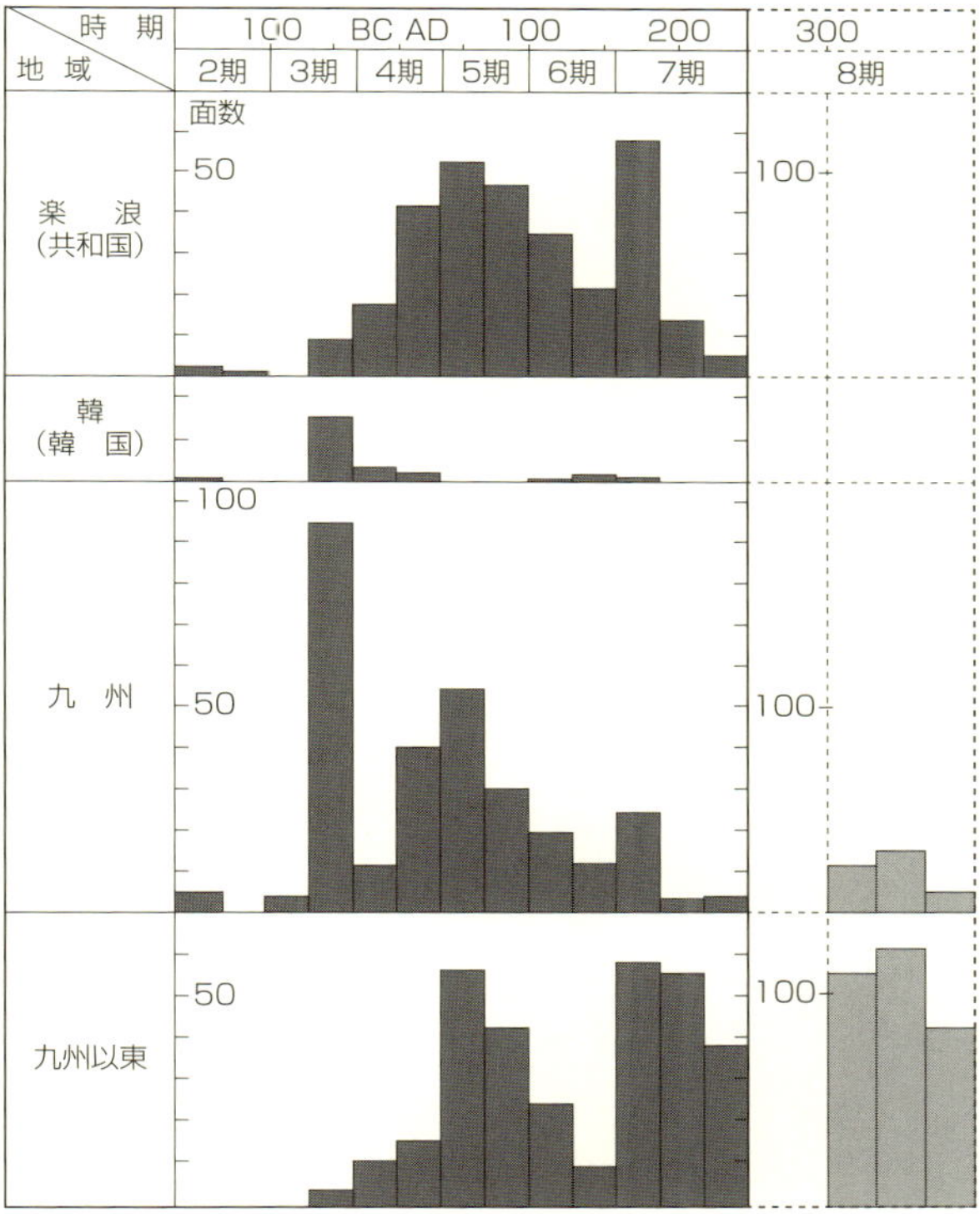

(岡村秀典『三角縁神獣鏡の時代』
〔吉川弘文館〕をもとに作成)

のに、この八期分は全くのゼロである。それに対して、九州、九州以東では八期の鏡はわんさと出ている。この鏡はどこから来たのであろうか。

楽浪・九州・九州以東の三地域における漢鏡出土数の変遷は「ほぼ軌を一にし」という岡村氏の説は、八期の鏡、三角縁神獣鏡には全く当てはまらない。

天から降ったか、地から湧いたか。五百枚以上も出ているこの鏡が超常現象で出てくるわけがない。これらの鏡が倭国で作られたことを強く示唆するものであろう。

寺沢氏はこのグラフについて、「こうした漢鏡の列島における実際の出土時期を無視し、個々の資料の仿古、踏み返しの可能性についても等閑に付した上での『見かけ』の型式を優先した時期別分布をベースとする議論は、古くは川西宏幸氏『銅鐸の埋納と鏡の伝世』をはじめ、伝世鏡論を採る研究者によって一般的に使われてきた手法であり、伝世鏡論は成立しがたい」（文献36）と言っている。

こんなグラフがどうして出てくるのか、その背景がよくわかった。

ないんだけどあるんだよ、あるんだけどないんだよ

弥生時代、九州北部の墓や遺跡からは大量の鏡が出土するが、ヤマトの地や畿内では、

墓はあるものの鏡などの副葬品はほとんど出ない。

卑弥呼は鏡好きと中国に知られていたから、お土産に銅鏡を百枚ももらってしまった。これは困った。なぜ困るか。理由は簡単であろう。

詔書には、「汝の好物である銅鏡百枚を与えるから、国中の人にこのことを知らしめよ」と書いている。しかし、ヤマトや畿内の人は今まで鏡など無縁な世界に住んでいるので、鏡を見ても興味も示さず、「それなんやねん。そんなもんいらんわ。あほくさ」となり猫に小判であったろう。

邪馬台国畿内説の人にとって、肝心の邪馬台国に鏡がなくては示しがつかない。だからどうしても鏡が欲しい、あるはずだ、いや、ないはずはないというように、強い願望がいつしか妄想に近くなる。そして「ないんだけどあるんだよ」となる。

鏡はなかったように見えるけど、実際はあったんだよ、と言わなければならない。ヤマトにも鏡はあったが、墓に入れる副葬の習慣がなかったから墓から出てこない。何代か伝世されて古墳時代になって出てくる、ということにしたのである。

鏡があった方が都合の良い人にとって、この「ないんだけどあるんだよ」は理屈抜きで受け入れやすい。何と言っても、実績のある京都大学の有名な先生が言うことだから、これについて行けば安心だ。

筆者は、アンデルセンの「裸の王様」を思い出す。仕立て屋に騙された王様は言う。「私が着ているこの素晴らしい服は、賢くて役職にふさわしい人しか見ることができない。見えない人は愚か者だ」。そこで、みな愚か者だと言われたくないので見えもせぬのに服が見えるとして誉めそやし、王様は裸で町中をパレードしてしまう。

つまり、偉い先生がこんな素晴らしい非副葬説を出したのだから、これがわからぬと馬鹿学者と言われかねない。実態は見えないけれどついて行けば無難だろうとなる。しかし、この説は本当に正しいのだろうか。

ある統一的な力が働いて保存され、古墳時代になって鏡を副葬するようになったという。統一的な力というと、民衆の生活を抑え込む中国や北朝鮮のような共産主義か独裁国家を想定しないと、民の力である葬儀の仕方まで抑え続けることは難しいだろう。

それを可能にするような強力な力があれば、邪馬台国を絶えず脅かした狗奴国など軽く一蹴しそうなものであるが、情けなくも魏に援軍を乞うような弱体国家であったことと矛盾しているのではないか。

その当時のヤマト、畿内はどんな社会だったのか。和辻哲郎氏を持ち出すまでもなく、この地域では銅鐸の祭りが行われ、鏡など必要としていなかった。これは否定することができない考古学的な事実である。

また、伝世鏡説によると、畿内では四世紀になって一斉に漢鏡が古墳に副葬され始めるという。ということは、三世紀までは鏡が出土しない、出るはずがないということであろう。

しかし、図表35に示したように、発掘が進むにつれて、三世紀になるとこの地域からの出土が少しずつ増え、弥生時代の終末期には九州を凌駕するようになることがわかってきた。そのため、三世紀には副葬しなかったから畿内から出ないという仮説が否定されることになり、非副葬説は成り立たなくなる。

そして非副葬説をもとにできた伝世鏡説というものも当然成立しなくなる。つまり、単に漢鏡の伝世を否定するだけでなく、漢鏡が伝世するから三角縁神獣鏡も伝世するという伝世鏡説を否定することになる。

結局、三角縁神獣鏡は三世紀の鏡ではなく、四世紀に作られた鏡ということになる。

そして、もう一つの言葉「あるんだけどないんだよ」。これは鉄がヤマトや畿内から出ないことを説明するために使われる。弥生時代、ヤマトや近畿にも九州北部と同じように鉄器があったんだけど、リサイクルで後の世にも使われたり、錆びてなくなったりしたから遺物として出てこないんだよ、という理屈である。

これは屁理屈の最たるものであろう。鉄をリサイクルしても鉄は鉄、金やキュウリなどに化けるものではない。そもそも鉄をリサイクルするということ自体、鉄が足らないから必死になって回収して使うということである。

終戦後の鉄や銅が不足した時にどうしたか。一所懸命回収に努めた。鉄も銅も高く買い取ってくれた。金偏景気である。特に銅は赤銅《あかがね》と言われ、ごく少量でも高く買ってくれて、一個十円のコッペパンの二、三個はたやすく買え、すきっ腹を満たしてくれたものだ。

また、鉄は錆びやすいのでヤマトや畿内で見つからないという。しかし、鉄はよほど小さくなければ、錆びても原形を留めた鉄サビとして残るものだ。その証拠に、次の古墳時代になると、鉄器が古墳からたくさん出てくるようになる。なぜ古墳からたくさん出るようになるのか。答えは簡単であろう。古墳時代になると鉄が豊富に出回り、余裕ができて副葬し始めたからに過ぎない。

その鉄はどこから来たのか。地中から湧き出たのではない。弥生時代に鉄があった所、九州北部から畿内に拡がらない限り出てこない。

弥生時代に鉄がなければ副葬しようにもできるはずがないことは自明であろう。

伝世鏡の破綻、手ずれ説の消滅

先述のように、伝世鏡の始まりは香川県高松市・石清尾山古墳群の鶴尾神社四号墳から出土した方格規矩鏡（以下、鶴尾鏡）だった。この鏡の文様が磨滅して朦朧模糊としていたことから、梅原末治氏が伝世の証拠とし、長く伝世鏡説の代表とされてきた。これは手ずれではなく、鋳造不良によるものだという反論が何回かあったが、学会では手ずれ説が広く認められてきた。

二十一世紀になって、この鏡にもやっと科学の光が射してきた。清水克朗氏らによる「伝世鏡の再検討Ⅰ」（文献25）という報告である。

「この鶴尾鏡は不鮮明な文様を含め、鏡背面全体にきめの細かい鋳肌を肉眼で確認することができるのである。これは即ち文様の不鮮明さが手磨れによって生じたわけでは無いことを示している」

この鏡をデジタルマイクロスコープで見た結果、手ずれで朦朧模糊としているとされた方格の角、乳、四葉座、外区獣文帯など、いずれも鋳肌がきちんと認められるという。デジタルマイクロスコープとは、写し出した画像をデジタル化し、大きな画像に変換できる顕微鏡をいう。

「伝世鏡の再検討Ⅰ」には、この顕微鏡で観察した結果が次のようにまとめられている。

1　鶴尾鏡の朦朧とした鏡背文様の成因は、従来言われてきたような「手磨れ」、「湯冷え」の何れも当てはまらない。

2　この鏡は鋳造状態の良好な、且つ、鋳上がった状態がそのまま良く残っている鏡である。

3　踏み返し鏡である可能性が高い。

加えて、「ここ数年銅鏡の観察調査を続けているが、文様が不明瞭になるほど使用研磨されている例は皆無である」としている。

これまで伝世鏡について曖昧模糊としていたが、ほぼ決着がついたと思われる。

もちろん、伝世品がこの世にないなどとは筆者自身も思っていない。テレビ番組に代々伝世されたお宝が登場し、吃驚させられることがありますから。

特鋳鏡説

苦肉の策として生み出された説

三角縁神獣鏡が中国から一枚も出土しないため、苦肉の策として考え出された説である。この説は、出土しないこと、証拠がないことを逆手に取って成り立っている。卑弥呼の使節が遠路はるばるやって来たため、魏王はことのほか歓迎し、卑弥呼のために特別に三角縁神獣鏡を作った。卑弥呼のためだけに作った鏡だから、中国からは一枚も出ないというのだ。

そうであれば、尊大な中国のことである。「卑弥呼のためにこんなに良い鏡を特別に作ってやったぞ。有り難く頂戴しろ」ぐらいのことは鏡に書き入れそうに思えるが、その様子は全くない。

特鋳鏡であれば、当然魏王直轄の鏡製造の専用工房である「右尚方」という字がなければならない。しかし、作ったのは右尚方ではなく、一般人の陳氏の工房であるという。その銘文がふるっている。「陳氏は洛陽の出身」と作者の出身地などを堂々と書いている。

このような鏡がなぜ特鋳鏡と言えるのか。なにがしかの先入観なしには、そのように考えられそうもない。

岡村秀典氏は、卑弥呼のために全土から洛陽に工人を動員し、漢鏡をモデルに作ったと言う（文献13）が、根拠は示されていない。

福永伸哉氏は、青龍三（二三五）年、洛陽宮の大修築のため、全土の工人を徴発した例があると言う（文献50）。徴発というからには「令」を発して動員したと思われるが、卑弥呼に鏡を作ってやるために工人を集めたという証拠はない。

しかも三角縁神獣鏡は、呉の鏡である神獣鏡と画像鏡をモデルとして作られている。従って、魏の工人をいくら集めたところで、国内で作られていない神獣鏡や画像鏡がいかなるものか知らない工人がどうして作ることができようか。

銅不足

当時、魏の国は呉、蜀と三つ巴の戦乱に明け暮れ、社会は混乱し、経済は疲弊している。おまけに銅鉱山は呉の国の紹興や会稽郡などに偏在していたため、常に銅不足で銅貨の発行もできない状況であったという、そのため、鉄鏡が多く作られている。そんな銅不足の魏で卑弥呼のために銅鏡をわざわざ作ってやることなど、まず考えられないだろう。

魏の薄葬令

三角縁神獣鏡はすべて中国鏡であるという説を唱える車崎正彦氏ですら、中国で三角縁神獣鏡が出土していない理由について、倭国向けの特鋳鏡と考えるのは困難であるとし、魏の薄葬の令に原因を求めている（文献21）。

『三国志』によれば、曹操、曹丕は陵墓について「金銀珍宝を蔵することなかれ」「金銀銅鉄を蔵することなく、一に瓦器をもってし」という令を発しているという。当然鏡の副葬も禁じられていたはずである。つい最近見つかった曹操の墓からは鉄鏡一枚だけが出土したという。

鏡の鋳造期間

三角縁神獣鏡の鋳造期間は短期説で十年から二十年、長期説では五十年から六十年と意見が分かれている。この鏡は景初三（二三九）年から作られ始めたという説に従うと、なんと長期説では西暦三〇〇年まで作られ続けたことになる。

しかし、「魏志倭人伝」によれば、卑弥呼は二四七年か二四八年には死んでいる。正始八（二四七）年に、南にある狗奴国との戦いで魏に軍事援助を請うている。呉を牽制するため破格のもてなしをしたのに、今やお荷物となってしまった。このため、卑弥呼は責任を問われ死んだと言われる。

しかも、魏自体が二六五年には完全に滅亡し、晋の国になり、政治体制は様変わりしている。そんな晋国がとっくの昔に死んだ卑弥呼のために、延々と半世紀の長きにわたり作り続けると考えること自体がおかしな話であろう。

では、短期説ではどうであろうか。この鏡の研究が進んだ結果、文様の変化が大きく、とても十年二十年位では起こりえないほど変化しているという。

また、この鏡の多さも問題である。日本での出土数は今や五百枚を超え、近いうちに千枚を超えるであろう。水野正好氏に至っては四千枚になってもおかしくないと言われる（文献60）。こんなに大量の鏡を短期間には作れそうもない。

中国の考古学者王仲殊氏は、著書『三角縁神獣鏡』（文献11）の中で特鋳鏡説を否定している。

「魏の皇帝は、他の外国の君主のために銅鏡を特鋳していないのに、なぜ卑弥呼のためだけに特鋳したのであろうか。（略）かりに特鋳が行われたとしても、その際、見本がなくてはどうしようもあるまい。中国の職人は、三角縁神獣鏡をこれまで中国において鋳造したことがなかった。とすれば、どうして彼らに、突如何の拠りどころもなくして、このような鏡の大量鋳造ができようか」

ごもっともとしか言いようがない。

楽浪鏡説

当時の楽浪郡の状況

楽浪鏡説は、三角縁神獣鏡が中国から出土しないので、中国から倭国への中継基地であった楽浪郡で、この鏡が作られたとするものである。

確かに楽浪郡では銅鏡が五、六百枚出土しているが、肝心の三角縁神獣鏡は一枚も出ていない。

この説は、楽浪郡から、徳島県鳴門市の画文帯神獣鏡、大阪府高槻市の方格規矩鏡の同型鏡がそれぞれ一枚が出たことを根拠としている。しかし、日本では何百枚という漢鏡があり、楽浪でも、六百枚ある中のわずか二枚である。しかもそれは三角縁神獣鏡ではない。論理が飛躍しすぎであろう。

また、飛禽鏡《ひきんきょう》や斜縁神獣鏡が中国から出土せずに楽浪からのみ出土するから、三角縁神獣鏡も楽浪で作ったという説もあった。しかし、現在では飛禽鏡、斜縁神獣鏡も遼東半島や徐州あたりから出土しているので、この説も成立しなくなった。

そもそも、楽浪は三角縁神獣鏡を作ることができる環境にあったのだろうか。とてもそんな状況にはなかったと考えられる。

楽浪郡は朝鮮半島の北西部で中国と接しており、周辺の国や民族から絶えず侵入を受けやすい地理的条件にあった。紀元前に前漢が郡県制を敷き、大楽浪郡となった時の人口は約四十万人とされる。その後、光武帝の時、楽浪郡は安定化するが、二世紀になると高句麗の侵入を受け二十五万人へと激減している。

三世紀になると公孫氏が支配するが、魏と呉の狭間で絶えず揺れ動き安定していない。二三七年、公孫淵が燕と称し独立するが、翌二三八年には魏によって滅ぼされる。『晋書』地理志によると、楽浪郡の戸数は三千戸、人口は大楽浪郡の四十万人から二万五千人へと十六分の一にまで減少し、衰退の一途である（文献6）。

このように人口が急激に減った所ではどんな現象が生じてくるのか。例えば、日本の旧産炭地。石炭産業で栄え、その衰退と共に人口が急激に減少した時にどんなことが起きたであろうか。人口が減るとまず娯楽産業がなくなり、商店街もなくなっていく。町中の活気がなくなり負のスパイラルに陥り、なかなかその状態から抜け脱せない。これは現在の我が国の経済がはまっているデフレスパイラル以上であろう。黒い羽根運動や産炭地振興法を作っても、工場などはそう簡単にはやって来ない。近年やっと市町村の長年の努力が実り、工場があちこちにできて街に活気が出ているのは喜ばしい。しかし、往年の賑わいに比ぶべくもない。

これらの経験から言えば、人口が十六分の一にまで急激に減った所で、銅鏡、しかも新しい形の鏡を短時間で作れると考える方が無理というものであろう。

土着の漢人が作ったのではないか、という意見もあるかもしれない。しかし、彼らは行政の役人や商売人、つまり華僑である。商品を委人相手に右から左へと動かす鏡ビジネスで大儲けできるのだ。そういう漢人が難しい技術で施設まで必要とする危険な仕事を、わざわざ倭人のためにするとは思えない。

また、朝鮮族は倭人と違って鏡にはほとんど興味を示していない。『韓半島考古学論叢』

■図表38　原三国時代銅鏡出土遺跡の分布

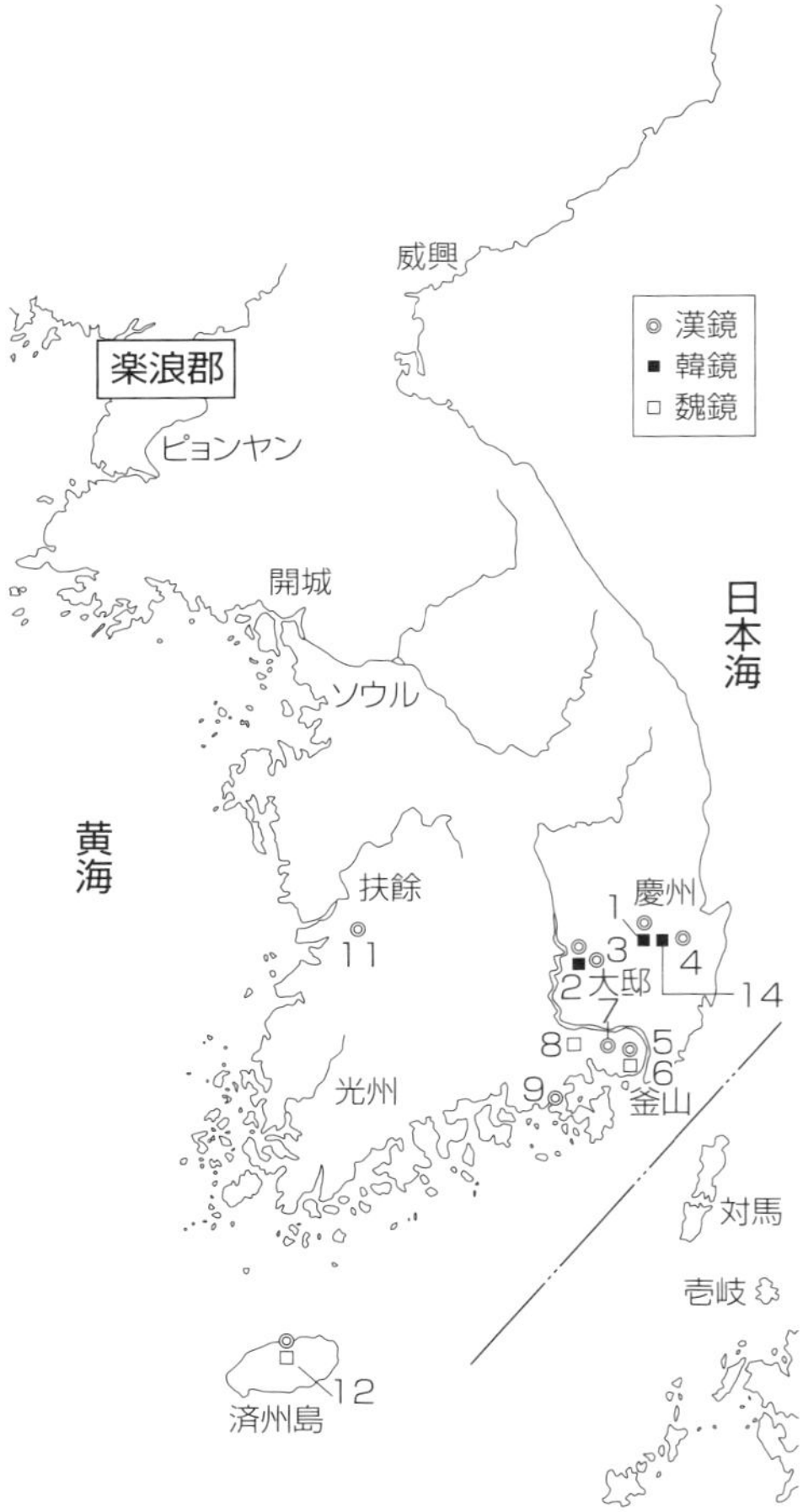

（高倉洋彰「弁韓・辰韓の銅鏡」〔西谷正他編『韓半島考古学論叢』すずさわ書店〕をもとに作成）

の中で、高倉洋彰氏が書いた朝鮮半島の鏡の分布図がある。図表38である。

この図でわかるように、半島の中で鏡が出土するのは数カ所だけである。「必要は発明の母である」という諺もある。鏡など全くと言っていいほど必要としなかった朝鮮族に、技術やノウハウがあるとは思われず、作れると考える方が無理というものである。

また、仮にその技術があったとして、楽浪に住む朝鮮族が、倭のために鏡を作れと言われて素直に作るであろうか。それは「否」であろう。

朝鮮族は古来から中国一番、自分は二番と思っている。つまり、中国には敵わないが、次は朝鮮族だと思っている。なぜ自分たちより下等な民族である倭のために鏡など作れるだろうか。しかも公孫淵にペコペコしていた倭が手の平を返したように魏に行って、土産物をたくさんもらい、あろうことか「親魏倭王」の金印までもらっている。自分たちは「楽浪公」でしかなかったのに。そんな倭に、さらに新しい鏡を作ってやるなど考えられない。

この民族性は、昔も今も何ら変わっていないようである。

装封を解くことができたか

また、この楽浪鏡説には難点がある。仮にここで鏡を作ったとしても、それを装封できたであろうか。

詔書には銅鏡百枚などを賜い、「皆装封して難升米、牛利に託すので、帰還したら記録に照らして受け取るように」とある。きちんと卑弥呼に届くように、途中で開けたりさせないために封泥をしている。封泥とは、文書などの荷物をくくった紐に粘土をつけ、そこに捺印したものである。その装封を楽浪郡の役所が勝手に開閉できるのか。

これについて門脇禎二氏は「装封して渡すということですから、それを勝手に地方官が開いたりすることはまずあり得ない」と言う（文献60）。一方、三角縁神獣鏡四千枚説の永野正好氏も装封を開けることは絶対にないと言う（文献60）。

だから、もし楽浪郡で三角縁神獣鏡が作られたとしても。封泥を壊して、それを荷物の中に入れることはまず無理ということである。この点からも、楽浪鏡説は成り立たない。

保険説

保険説とは

卑弥呼の鏡のすべてが三角縁神獣鏡とする説が多い中、この説は、卑弥呼の鏡はこの鏡だけとは限らず、その他の前漢鏡・後漢鏡や紀年銘鏡も含むというものである。

少し意地悪なネーミングに見えるかもしれないが、万が一、三角縁神獣鏡が卑弥呼の鏡ではなかった時に備えての説と考えれば、「保険」という言葉もそう的外れではないであろう。

樋口隆康氏は黒塚古墳の報告書を始め、それまで読んだ本や新聞の印象から、コチコチの魏鏡説派と思っていた。しかし、福岡で行われたシンポジウム「邪馬台国が見えた」で、三角縁神獣鏡だけでなく、他の漢鏡なども対象とする発言があり意外だった。

ところが、その前にも同様の報告をされていた。王仲殊氏の福岡市アジア文化大賞受賞記念シンポジウムが平成八（一九九六）年九月に行われた。そこで、樋口氏から同様の発言があり、司会の西谷正氏は初耳だったらしく、戸惑ったような様子であった。

さらに昭和五十三（一九七八）年の『歴史と人物』で樋口氏は、卑弥呼の鏡は三角縁神獣鏡だけでなく、後漢鏡を始めとして前漢鏡もその対象となるとはっきり書いていた（文献44）。これは平成八年のシンポジウムよりかなり前の発言で注目に値する。

みんなで渡れば怖くない

考古学界では、三角縁神獣鏡は舶載鏡と仿製鏡とに分類され、舶載鏡だけが中国からもらった卑弥呼の鏡だと言う人がほとんどである。

森氏の国産説など、どうということもない。鏡が中国から出土しないからというだけで、何も証拠はないのだから、素知らぬ顔で黙殺しておけばよい。何といっても学界は京都大学が主導する中国鏡説で固まっている。少々の波風が立とうとも「みんなで渡れば怖くない」のである。

邪馬台国畿内説に対し、九州説で対抗した東京大学も形無しである。なんせ発掘の実績が違う。これまでの発掘などで得た情報の蓄積は他の追随を許さない。椿井大塚山古墳の発掘報告書など、半世紀近く経ってやっと出ている。その間、他の大学の学者、研究者は手をこまねくしかない。

下手な説でも出そうものなら、隠し玉一発であえなく返り討ちに遭いそうな雰囲気である。ということで考古学界は波風立たず、平和で安穏な日々が続くはずであった。

黒船来る

しかし、そこへ闖入者が現れた。中国の考古学者王仲殊氏である。あろうことか「三角縁神獣鏡は中国の鏡ではありまっせん」と言い放ったのである。しかも呉の工人が倭国へ渡り作ったのだという。それまで中国鏡と信じて疑わなかった学界に衝撃が走った。

太平の眠りを覚ます王仲殊
たった一人に夜も寝られず

さすがの学界も中国説の再構築に迫られた。

先に紀年銘鏡説で紹介した都出氏の説（七八頁参照）も保険説の一つであろう。つまり、五百枚以上ある三角縁神獣鏡のうち第一期の舶載鏡や紀年銘鏡の約五十枚に限定して卑弥呼の鏡とし、他の三角縁神獣鏡は除外するというもの。あまりにもこの鏡が増えすぎて、百枚を超えて現在では五百枚以上にもなっている。そこで、さすがの全部魏鏡説も危険度が高くなったので数を限定しようとするものであろう。

しかし、卑弥呼は確かに百枚もらっていて、これら約五十枚では数が合わない。後の五十枚はどんな鏡であろうか。同氏は不足する五十枚についてどんなものか言及していないので不明である。同氏の言う紀年銘鏡については、すでに卑弥呼の鏡とはなり得ないことを明らかにしている。

同氏は前掲のように、自分が特鋳鏡説派であることを明言している。特鋳鏡説であれば五百枚以上の三角縁神獣鏡がすべて卑弥呼の鏡ということになり、先の第一期の舶載鏡や紀年銘鏡約五十枚が卑弥呼の鏡という説との整合性がないと思われるが、その点はどうなるのであろうか。

魏で紀年銘鏡を与える慣例があったか

そもそも、魏国で紀年銘鏡を作って朝貢国に与えた例があるだろうか。

車崎氏は前述の報告書（文献20）の中で、貴重な資料を提示している。図表39である。この表には中国の紀年銘鏡について、二世紀後半から三世紀までの分を一覧表としてまとめてある。

この表を見ると、当時の紀年銘鏡がどこで作られているか、一目瞭然である。三世紀以前は後漢の時代で紀年銘鏡が作られているが、三世紀に入ると中国北方では全く作られず、南方の呉地方だけで紀年銘入りの神獣鏡が作られている。二二〇年に魏が建国して黄初年号を建て、その年号を持つ鏡が黄初二年、三年、四年と作られているが、これらはいずれも呉で作られたものである。

先の福岡のシンポジウムで樋口氏は、「これらは魏の年号があるから魏の鏡だ」と言っている（文献12）。

魏の年号があって、魏の国で出土したものであればかなりの確率で魏の鏡だと言えるが、一〇〇%ではない。鏡は動きやすい厄介者だ。これら黄初年号の鏡はいずれも湖北省や湖南省、浙江省など呉の国から出土している。

王氏は、同シンポジウムで詳しく述べている。呉の孫権が二二二年に建国し、黄武年号を建てるが、それまでは独立していないので呉でも黄初年号を使っていた。また、建国後も魏とよりを戻したり、離れたりしているが、黄初四年までは両国の関係は良好であった。だから、これらの鏡は呉で作った鏡であり、魏の鏡ではないというのである。

太和元（二二七）年銘鏡もあるが、これも対置式神獣鏡であり、呉国の鏡として問題ないであろう。

以上のように魏国では紀年銘鏡が青龍三（二三五）年銘鏡まで全く作られていないことがわかる。青龍三年から正始元年まで紀年銘鏡が九枚あるが、これらの鏡はいずれも日本でしか出土していない。そしてこれらの鏡については、すでに紀年銘鏡説の項で魏鏡ではないとしている。

都出氏は、魏では鏡を与える慣例があったと言うが、肝心の紀年銘鏡自体が魏で作られていなければ与えられるはずもない。

■図表39　年号鏡一覧（2世紀後半～3世紀）（文献20）

	【後漢】									
156	永壽二年	獣首鏡			方銘四獣鏡					
157	三年	獣首鏡	【広漢郡】							
159	延熹二年		環状乳三神三獣鏡							
160	三年	獣首鏡								
164	七年	獣首鏡								
167	永康元年	獣首鏡		画紋帯環状乳四神四獣鏡						
168	建寧元年	獣首鏡								
169	二年	獣首鏡								
173	熹平二年	獣首鏡	環状乳三神三獣鏡							
174	三年	獣首鏡								
178	七年	獣首鏡								
178	光和元年	獣首鏡	環状乳三神三獣鏡							
187	中平四年	獣首鏡		画紋帯環状乳四神四獣鏡						
189	六年				方銘四獣鏡					
190	初平元年				方銘四獣鏡					
196	建安元年							重列式神獣鏡		
202	七年							重列式神獣鏡		
203	八年							重列式神獣鏡		
204	九年							重列式神獣鏡		
205	十年							重列式神獣鏡		
214	十九年							重列式神獣鏡	【会稽郡】	
215	廿年								同向式神獣鏡	
216	廿一年									対置式神獣鏡
217	廿二年							重列式神獣鏡		
219	廿四年							重列式神獣鏡	同向式神獣鏡	対置式神獣鏡
220	延康元年									対置式神獣鏡
	【魏】									
221	黄初二年								同向式神獣鏡	
222	三年						【呉】		同向式神獣鏡	
						222	黄武元年			対置式神獣鏡
223	四年									対置式神獣鏡
						223	二年			対置式神獣鏡
						225	四年	重列式神獣鏡		対置式神獣鏡
						226	五年	重列式神獣鏡	同向式神獣鏡	
227	太和元年									対置式神獣鏡
						227	六年	重列式神獣鏡		対置式神獣鏡
						228	七年			対置式神獣鏡
						229	黄龍元年	重列式神獣鏡		対置式神獣鏡
						230	二年	重列式神獣鏡	同向式神獣鏡	対置式神獣鏡
						232	嘉興元年			対置式神獣鏡
						233	嘉禾二年	重列式神獣鏡		
235	青龍三年	**方格規矩四神鏡**								
						235	四年	重列式神獣鏡		
						238	赤烏元年			**対置式神獣鏡**

・ゴチック体の形式名称は、日本で出土した鏡を示す。
・Ⅰ～Ⅴは、三角縁神獣鏡の編年案（岸本 1995）を示す。
・A ～Cは、三角縁神獣鏡の編年案（近藤 1973）を示す。
・斜体数字は、三角縁神獣鏡の番号（岡村ほか 1989）を示す。

239	景初三年	画紋帯同向式神獣鏡	三角縁同向式神獣鏡
240	四年	龍虎鏡	
240	正始元年		三角縁同向式神獣鏡
244	五年	画紋帯環状乳神獣鏡	
259	甘露四年	獣首鏡	
260	五年	獣首鏡	
263	景元四年	円圏規矩君宜高官銘帯鏡	
	【西晋】		
270	泰始六年	画紋帯環状乳神獣鏡	
271	七年	階段式神獣鏡	
272	八年	神像鏡	
273	九年	画紋帯同向式系神獣鏡	
274	十年	画紋帯環状乳神獣鏡	
280	太康元年		
281	二年		
282	三年		
283	四年		
284	五年		
291	元興元年		
298	八年		

Ⅰ Ⅱ Ⅲ Ⅳ Ⅴ A B C

7 8 三角縁 201 神獣鏡

方格規矩鏡

240	三年			対置式神獣鏡
242	五年	重列式神獣鏡		
244	七年			対置式神獣鏡
246	九年			対置式神獣鏡
253	建興二年		同向式神獣鏡	対置式神獣鏡
254	五鳳元年			対置式神獣鏡
256	三年			対置式神獣鏡
256	太平元年			対置式神獣鏡
257	二年			対置式神獣鏡
258	永安元年		同向式神獣鏡	対置式神獣鏡
259	二年			対置式神獣鏡
261	四年	重列式神獣鏡		対置式神獣鏡
262	五年			対置式神獣鏡
263	六年			対置式神獣鏡
264	七年			対置式神獣鏡
265	甘露元年			対置式神獣鏡
266	二年			対置式神獣鏡
266	寶鼎元年			対置式神獣鏡
267	二年			対置式神獣鏡
268	三年			対置式神獣鏡
270	建衡二年			対置式神獣鏡
272	鳳凰元年			対置式神獣鏡
				対置式神獣鏡
277	天紀元年	重列式神獣鏡		対置式神獣鏡
278	二年	重列式神獣鏡		
280	四年	重列式神獣鏡		
				対置式神獣鏡
			【呉郡】	対置式神獣鏡
				対置式神獣鏡
				対置式神獣鏡
				対置式神獣鏡
				対置式神獣鏡
				対置式神獣鏡

(車崎正彦「新発見の『青龍三年』銘方格規矩四神鏡と魏晋のいわゆる方格規矩鏡」〔『考古学雑誌』86－2〕をもとに作成)

魏には、朝鮮半島の国々はもちろん、北や西、南からも夥しい数の国が毎年朝貢に来るのだ。魏からするとこれは当たり前であり、いちいち紀年銘鏡を作ってやる必要性も全くない。だから他の国では紀年銘鏡など出ていない。当たり前の話である。しかもお国の事情もある。戦争続きで財政は火の車、原料の銅は呉の国に押さえられ、鉄鏡でも作らざるを得ない。

しかし、図表39によれば、これら紀年銘鏡の他に「正始五年」鏡がある。この鏡は五島美術館蔵であるが、出土地は不詳という。この鏡について、昭和五十九（一九八四）年に東京で行われたシンポジウム「三角縁神獣鏡の謎」で田中琢氏（特鋳鏡論者）は、魏鏡説を主張している。

この田中氏の論に対し王氏は次のように反論している（文献10）。

この「正始五年鏡」は、「画文帯環状乳神獣鏡」と称されています。（略）その型式や文様において、ほかに類例がないようです。とりわけその銘文には「正始五年作」の五文字があるだけで、簡単極まりなく、こんなものは、同時代のほかの紀年鏡では絶無といっていいのです。要するにこの銅鏡は、一枚だけさびしくたたずむ異例なものでありまして、わたくしはこれを「異式鏡」と名付けています。（略）羅振玉（中国の考古学者）自身、『古鏡図録』『遼居雑著』などの本の中でこう言っております。「当時（二十世紀初頭）の北京の骨董屋の間では、古鏡を偽造することが流行《はや》っていた。とりわけ紀年鏡の値段が高かったので、紀年鏡の偽造には力が入れられた。骨董屋の偽造の技術は高く、本物と見分けがつかぬほどであった」というのです。（略）骨董屋から買った出処不明の一枚の異式鏡をもって、論証の重要な根拠とするのは、あまり妥当ではないというのが私の感想です。

長方形鈕口説

鏡の鈕口

鏡の鈕口は何のためにあるのか。銅鏡は姿見として壁にかけたり、手に持って使うための紐を通すための穴、鈕口が必要である。鈕口が角ばっていては紐が切れやすい。だから中国でも日本でも、鈕口は丸いものや半円状のものがほとんどである。

ところが日本でのみ出土する三角縁神獣鏡の鈕口は、そのほとんどが長方形ないしは方形である。この事実を見出したのは福永伸哉氏で、その慧眼は素晴らしい。

しかし、なぜこの鏡の鈕口だけが長方形で、その他の大多数の鏡では円状なのか。なぜこの鏡は中国から出土しないのか。

これらの疑問についてあまり考えることなく、微かに見える中国の長方形鈕口こそ、三角縁神獣鏡の故郷と思い込み、中国へ向かってしまう。なぜだろうか。同氏も富岡謙蔵氏や小林行雄氏の信奉者だったからであろう。

福永氏は著書『三角縁神獣鏡の研究』（文献50）の中で、富岡氏の研究を紹介している。富岡氏は、三角縁神獣鏡の銘文に出てくる「徐州」は魏代の地名であること、「洛陽」は魏代で使用されていること、「師」は鏡工人を指すが、晋代には王室の祖に当たる司馬師の諱《いみな》である「師」の字は使用が憚られたなどの理由で、この鏡は魏の鏡であるとされた。

これらの説に基づき、福永氏は、三角縁神獣鏡は中国製であり、長方形鈕口も当然中国のものと考えてしまったのであろう。

「師」の諱説は、晋の祖である司馬懿の長子の諱が「師」であったため、この「師」字を使わなかったというものである。確かに「魏志倭人伝」には師の字は出ていないので、あえて避けているようにも見える。しかし、「魏志東夷伝」序には、早くも師字が三度も出てくる。

　車師之属

　景初中大興師旅、誅淵

　又、遣偏師致討

なかでも東沃沮伝では十五行の中に四回も師字が出てくる。

　世世邑落、各有長師

　遂進師撃之　など

「魏志」は晋の陳寿によって、二八五年頃に成立したと言われている。従って、師字が晋の時代には使われず、魏の時代にだけ使われたので、三角縁神獣鏡は魏の鏡であるという説は成立しない。

また、東晋の詩人陶淵明の漢詩にも「先師有遺訓」とある。

師の諱説など成り立たないのに、先生の説だからと無批判に受け入れて、そこから出発したため、せっかくの慧眼も鈍ってしまい、あれも似てる、これも似てると、似たもの探しのようになってしまう。

本居宣長は言う。「師の説にな泥《なず》みそ」。師の説にどっぷりとつかってはいけませんよということらしい。

長方形鈕口と紀年銘鏡

三角縁神獣鏡に特徴的な長方形鈕口という形態は、後漢から三国時代の中国鏡においては、一般的な存在ではない。しかし、同様の特徴を持つ鏡もいくらか存在している。

そこで福永氏は魏の紀年銘鏡とその鈕口形態を示した表（図表40）を『三角縁神獣鏡の研究』の中で提示している。

その内訳は円形系統十枚、長方形九枚である。福永氏は、これらのうち黄初年銘の神獣鏡は図像の文様、当時の政治状況から王氏が呉鏡と言われるので除外するとしている。すると円形系統二枚、長方形九枚となって圧倒的に長方形が優勢になり、さらに三角縁神獣鏡を除いても長方形が六枚となるという。

中国で使用されていたという証明のために、中国では出土しない三角縁神獣鏡を入れること自体が間違っている。

それを除外すれば済むかというと、まだ怪しいのがある。景初四年銘の盤龍鏡が二枚入っているが、景初四年という年号は魏の国にはない。景初は三年までしか存在しない。こ

■図表40　魏の紀年鏡の鈕口形態（文献50）

年　　号	西暦	鏡　　式	出土地または所蔵	鈕口形態
黄初2年	221	同向式神獣鏡	（伝）湖南省長沙	円
黄初2年	221	同向式神獣鏡①	湖北省鄂城五里墩14号墓	（半円）
黄初2年	221	同向式神獣鏡①	湖北省鄂城630工区	（円）
黄初3年	222	同向式神獣鏡②	（伝）浙江省紹興	半円
黄初3年	222	同向式神獣鏡②	スウェーデン王立博物館	（半円）
黄初4年	223	対置式神獣鏡③	五島美術館	円
黄初4年	223	対置式神獣鏡③	東京国立博物館	円
黄初4年	223	対置式神獣鏡③	湖北省鄂城630工区	（半円）
景初3年	239	三角縁神獣鏡	島根県・神原神社古墳	長方
景初3年	239	画文帯神獣鏡	大阪府・和泉黄金塚古墳	長方
景初4年	240	盤龍鏡④	京都府・広峯15号墳	長方
景初4年	240	盤龍鏡④	辰馬考古資料館	長方
正始元年	240	三角縁神獣鏡⑤	群馬県・柴崎古墳	長方
正始元年	240	三角縁神獣鏡⑤	兵庫県・森尾古墳	長方
正始5年	244	画文帯神獣鏡	五島美術館	半円
甘露4年	259	獣首鏡　　右尚方銘	五島美術館	長方
甘露5年	260	獣首鏡⑥　右尚方銘	黒川古文化研究所	長方
甘露5年	260	獣首鏡⑥　右尚方銘	書道博物館	半円
景元4年	263	規矩鏡　　右尚方銘	五島美術館	長方

＊1991年段階で福永氏が確認しているもの。鈕口形態に（　）が付くものは未実見だが写真から推定できるものという。鏡式名のあとの丸囲み数字は同型鏡を示す。

＊同表は文献50（福永伸哉『三角縁神獣鏡の研究』）の他にも、シンポジウム「三角縁神獣鏡」、シンポジウム「邪馬台国が見えた」、シンポジウム「古代の鏡と東アジア」、「古代出雲文化展　神々の国悠久の遺産」図録、『三角縁神獣鏡研究事典』などにも掲載されている（若干鏡の出入がある）

の年号を持つ鏡は魏以外の外国、即ち、倭で作られた可能性が高い。従って、この二枚を魏鏡と見るのは困難で、差し引くと長方形は四枚になる。

景初三年銘の画文帯神獣鏡は、三角縁神獣鏡及び景初四年銘鏡と同じ陳氏の作であり、魏で作られたとは言えない。また、この神獣鏡は棺外に粗雑な取り扱いをされていた。この一枚を引くと長方形は三枚となる。

これでいいかというと、まだまだ怪しいものがある。「右尚方」の銘を持つ鏡のうち、甘露五年銘獣首鏡は「右尚方」と書いてあるが、鈕口の形態は長方形と半円形の両方がある。「右尚方」は魏国の官営工房で、国を代表する工房である。そこで作った同型鏡の鈕口の形がバラバラというのはいかにも怪しい。尚方の銘を入れると高く売れるので、ニセモノが極めて多いから注意が必要と言われている。

そうなると残りは円形一枚、長方形二枚で、サンプル数はわずか三枚となり、これでは長方形が優勢などとはとても言えない。

これまで個別に理由を挙げて、サンプルとして相応しくないものを除去してきた。しかし、本音は、もっといけないことがあると言いたいのだ。

それは、この表に使われているサンプルの出土地の問題である。

よく見ると黄初銘の八例の出土地は五例が中国であり、スウェーデン王立博物館も中国出土の可能性が高いので六例となる。黄初銘の円形鈕口が八例中六例であれば、どうにか中国出土のサンプルとして合格と言えそうである。

一方、景初三年銘以下十一例の出土地を見ると、五例が日本国内である。さらに博物館や美術館所蔵が多い。文献で出土地を確認できなかった五島美術館の画文帯神獣鏡と獣首鏡、書道博物館（東京都台東区）の獣首鏡については、電話で問い合わせたところ、いずれも出土地不詳であった。

このように出土地がはっきりしていないサンプルで、長方形鈕口が中国で一般的に作られていたとは言えないだろう。

平成二十五（二〇一三）年の春に亡くなられた森浩一氏は、『ぼくの考古古代学』（文献63）で言っている。

「考古学で何が重要か。出土地も分からない鏡は考古学の材料というよりも、単なる工芸品であり、単なる美術品に過ぎない。出土地と出土状況の分かる資料が基本資料である」

なお、福永氏は『三角縁神獣鏡の研究』（文献50）の中で、この長方形鈕口は中国ではごくまれで少数派であり、例外的と何回も書いている。しかし、この図表40では「例外」を集めて「規則」を作ろうとしているように見える。規則があって初めて例外が出てくるのであって、いくら例外を集めても、規則作りはできないであろう。

長方形鈕口は直伝か

福永氏は、長方形鈕口が中国では一般的なものでなく、気づかれにくいだけに直接の伝授がなければこの手法は伝わりにくいとされる。その伝承には直接的な技術指導が必要であると考え、師から弟子への実演を伴った手ほどきなどを想定している。

この師からの直伝で作ったはずの長方形鈕口の実態はどうであろうか。おちょぼ口や楕円形、押し潰されたような鈕口も多く、しかも鈕口の穴の中にバリがたくさん残っているもの、穴が先細りになっていたり、詰まっているものも多いと言われている。

滅多にないチャンスが訪れた。平成二十一（二〇〇九）年十月から九州国立博物館で開催された「古代九州の国宝」展である。糸島市の一貴山銚子塚古墳から出土した三角縁神獣鏡の八面全部が里帰り展示された。

鏡の背面が茶色だが、みな完形鏡である。鈕口は長方形であるが丸っこいものもある。

その仕上がりの悪さが目につく。鋳バリがついたままのものや詰まっているようなものなど、本に書いてあることが実感できたし、どう見ても直伝で作られたとは思えない。私が師匠であれば、こんな鈕口を作ってと張り倒したくなるほどの出来の悪さである。師が弟子に直接伝授して作ったとはとても言えないような代物である。

よくスポーツは国境を越えると言われるが、芸術はもっと昔から国境を越えている。ゴッホやモネは江戸時代の浮世絵の影響を受けていると言われる。彼らが日本に来たか。否である。芸術家がある作品を見て、心の琴線に触れた時、直接の伝授など必要なく、国境など飛び越えて拡がる。

鏡作師が三角縁神獣鏡を大量に作る必要に迫られた時、短時間で手間をかけずに大量に作るためには、長方形鈕口が一番良い方法だと考えて導入したのではないか。

権威の象徴か

福永氏は『三角縁神獣鏡の研究』（文献50）の中で言う。

「画文帯神獣鏡を最上位の威信財に据えた三世紀前半の邪馬台国政権から、三角縁神獣鏡を権威の切り札とした三世紀中葉の初期大和政権への連続的展開という流れで、古墳時代成立期の政治的動きを理解できるという見通しを示す」

画文帯神獣鏡を最上位の威信財に据えたということに異論はない。古墳で死者の頭部辺りから出土する状況から見て当然だと思われる。

「威信財」と「権威」とはどう違うのであろうか。辞書によると、「威信財とは権威とそれに伴う信頼感」とある。語感は少し違うが結局同じ意味であろう。

先述のように樋口隆康氏は『歴史と人物』（文献44）の中で、卑弥呼の銅鐸百枚の中には三角縁神獣鏡だけでなく漢鏡なども入るとされているが、その中で、さすがその道の大家であると思わせる言葉がある。

「首長権のシンボルならば一面で十分である。いな、一面しかないからこそ、シンボルとしてふさわしいわけで、多数は不要である」

つまり三角縁神獣鏡が権威の象徴であれば、一枚あれば十分であり、たくさんあっては権威の切り札とはなり得ない。

このことは心理学的な面からも言えるのではないか。例えば、あの品物が欲しいと思っていてもなかなか手に入らなかったものを苦労して手にした時の喜びは大きい。しかし、同じものを二つ、三つと手に入れても、その感動は徐々に小さくなっていく。

また、経済学的な面からも言える。物は増えれば増えるだけ価値（値段）が下がることは明らかであろう（図表41）。

三角縁神獣鏡は一つの古墳から十枚以上出てくる場合も多く、一〇mそこその小さな古墳からも複数枚出てくる。全国から出るこの鏡は今や五百枚を超え、とても権威の象徴などとは思えない。まだ発掘されていない古墳も多く、水野氏の四千枚説も現実味を帯びてきた。

■図表41　物の価値の変化

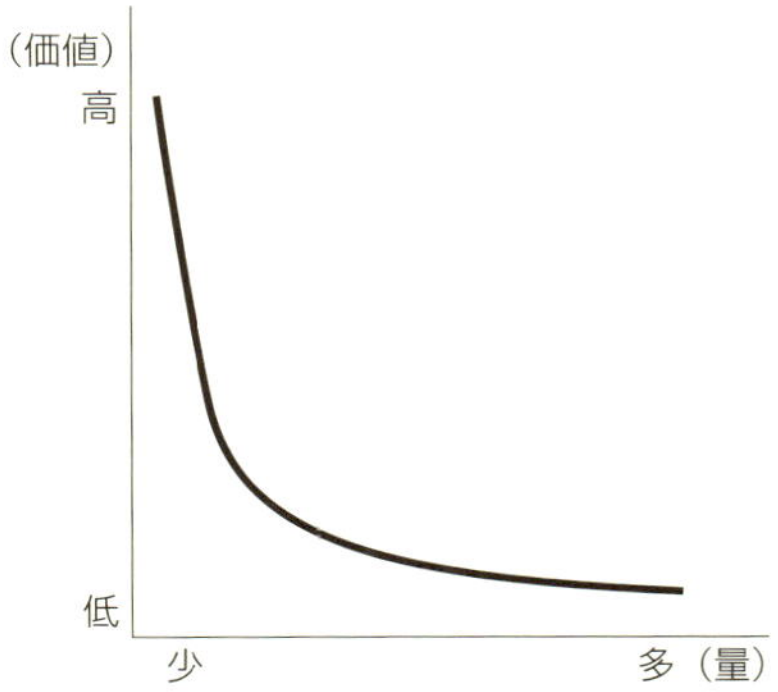

三世紀中葉の初期大和政権というが、それはどこにあるのだろうか。少なくとも「魏志倭人伝」の言う三世紀中葉に出てくるのは邪馬台国であり、初期大和政権ではない。仮にそれが鏡の女王として中国にも知られていた卑弥呼の国を引き継ぐものであったとすれば、ヤマトや近畿の三世紀中葉の墓や遺跡から漢鏡や三角縁神獣鏡がたくさん出てきそうなものであるが、現実にはごく少量しか出ていない。
魏の皇帝は詔書に、鏡などを賜ったことを国中に広

■図表42　黒塚古墳の墓室模式図

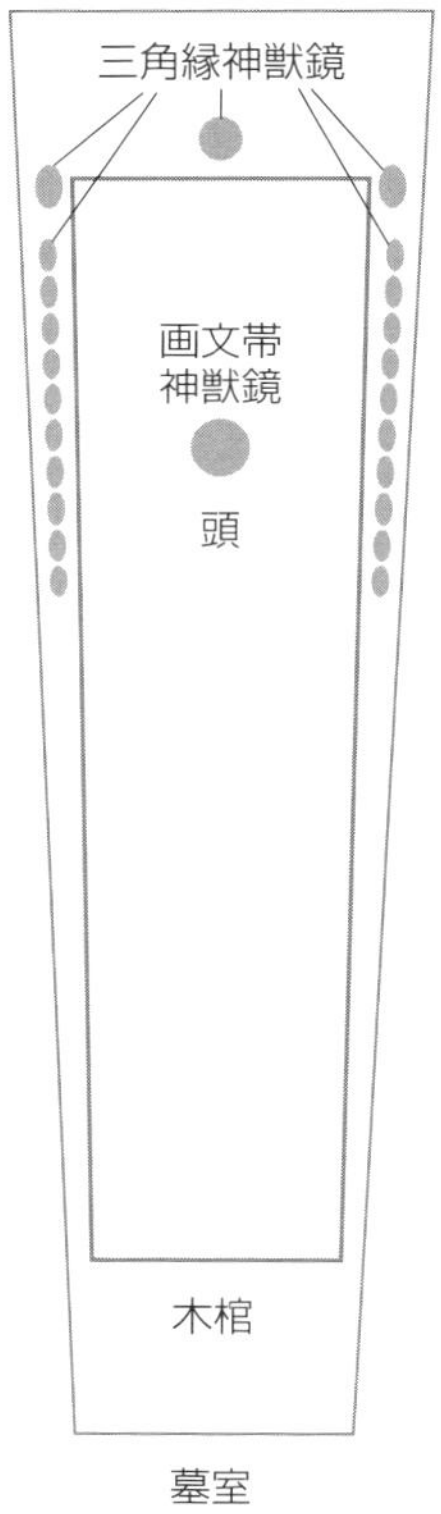

く知らしめるようにと書いており、鏡を隠匿せよとか、四世紀になるまで墓に入れるななどとは書いていない。それにもかかわらず、「三角縁神獣鏡を権威の切り札とした三世紀中葉の初期大和政権への連続的展開という流れで、古墳時代成立期の政治的動きを理解できる」と言えるのか。三角縁神獣鏡が権威の切り札とはなり得ないのに、それをもとに古墳成立期の政治活動を理解せよという方が無理というものである。

この鏡が権威の切り札と言えるのか。別の面からも知ることができる。それは墓での埋葬の仕方である。墓の様子を見れば、一目瞭然である。

図表42は黒塚古墳の墓室の模式図である。死者の頭部にあったのは画文帯神獣鏡で、三角縁神獣鏡ではない。三十三枚もの三角縁神獣鏡は、死者を囲むように左右の両側に、しかも棺外に立てかけて置かれている。これでは権威物などとはとても言えたものではない。

墓での埋葬の仕方からも、この鏡は権威物とはなり得ないのである。

漢鏡説

これまで卑弥呼の鏡について特鋳鏡説、伝世鏡説など色々と検証してきたが、いずれの検証でも、三角縁神獣鏡は卑弥呼の鏡とはなり得なかった。

では、どんな鏡が本当の卑弥呼の鏡であろうか。これは当然ながら、その当時魏の国で作られていた鏡の可能性が高い。

中国の考古学者徐苹芳氏は、その頃中国北方の魏の国で流行した鏡として方格規矩鏡、内行花文（蝙蝠鈕座）鏡、獣首鏡、き鳳鏡、盤龍鏡、鳥文鏡、双頭龍鳳文鏡、位至三公《いしさんこう》鏡《きょう》を挙げ、その中でも卑弥呼が中国から入手した鏡として有力なのは方格規矩鏡、内行花文（蝙蝠鈕座）鏡、き鳳鏡、獣首鏡、位至三公鏡の五種類としている（文献10）。

安本美典氏によれば、これらの漢鏡は福岡県を中心に九州北部、岡山県、兵庫県、大阪府、京都府などから出土している。奈良県はわずか二枚で、あることはあるが、邪馬台国の時代に限定すれば出土していないという（文献70）。

あまりにあっけなく、簡単過ぎるかもしれないが、卑弥呼の鏡の正体とは、こんなところだろうと思われる。

第四章

三角縁神獣鏡は国産鏡である

鏡の分布

弥生時代の鏡の分布

弥生時代、九州北部では大量の鏡が墓に副葬された。福岡県糸島市の三雲遺跡や平原遺跡、春日市の須玖岡本遺跡などから大量の鏡が出土している。

弥生時代の鏡の分布を地方別に示すと図表43のようになり、九州北部が圧倒的に多いことがわかる。弥生時代も終末期になると中国・近畿地方にも破鏡や破砕鏡が見られるようになり、鏡の副葬が西から東へと拡がっている。

古墳時代の鏡の分布

しかし、古墳時代になると、北海道、東北を除く全国至る所から鏡が出土する。なかでも三角縁神獣鏡の数が突出していて、そのほとんどが古墳からの出土である。

■図表43　地方別弥生時代中国鏡出土地数

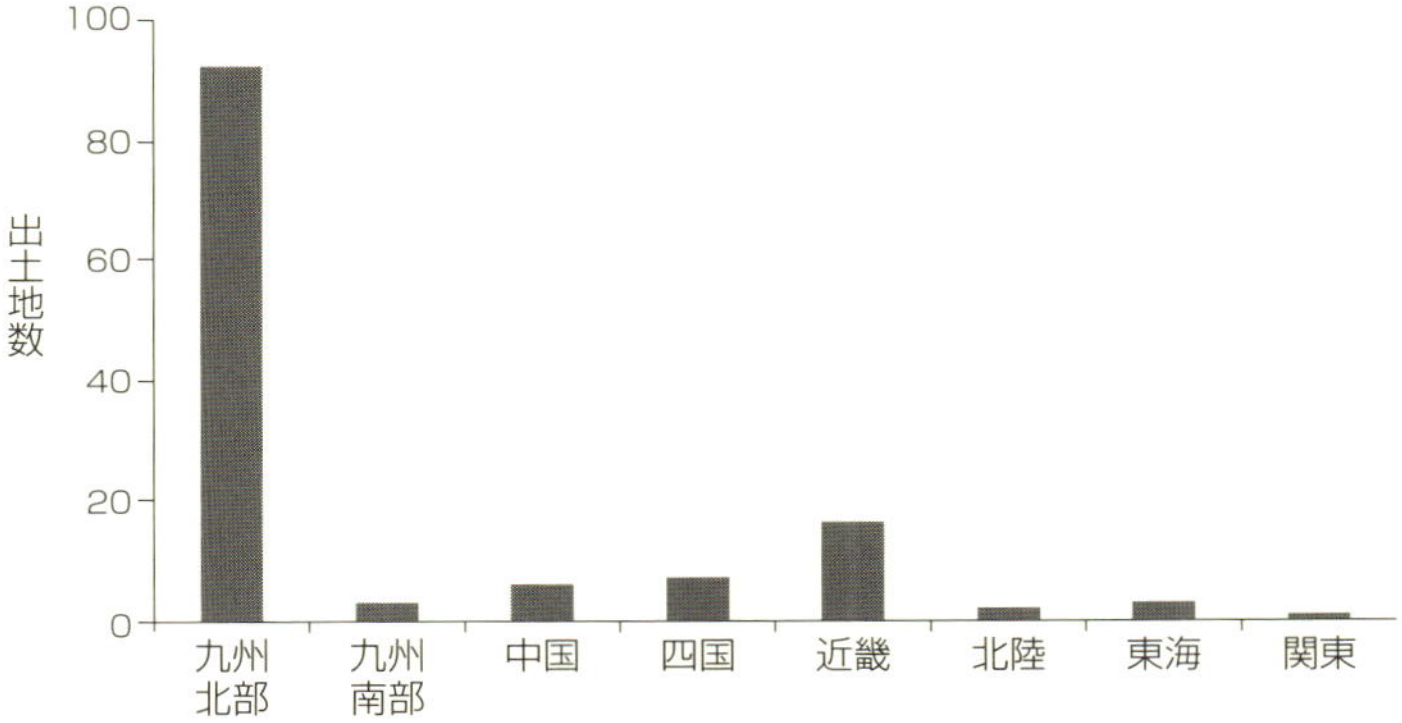

この鏡の都府県別の出土状況を図表44に示す。一見して明らかなように奈良県、京都府、大阪府などの近畿地方に多く出土している。

この鏡が近畿地方から断然多く出土し、畿内を中心として全国に拡がっていることから、小林行雄氏は、大和朝廷が全国統一にあたって同型鏡を地方に配布したという説を唱え、その配布元は当時の古墳で最も多くの三角縁神獣鏡三十三枚を出土している京都府山城の椿井大塚山古墳とした。当時は三角縁神獣鏡の出土数が百枚を少し超えるぐらいであったため、この仮説は卑弥呼がもらった銅鏡百枚にもっともらしくフィットするものであった。

しかし今、この鏡は出るは出るはで百枚を大きく超えて五百枚以上も出土している。

また、この鏡を大量に副葬した例が、現在では黒

■図表44　県別三角縁神獣鏡出土数

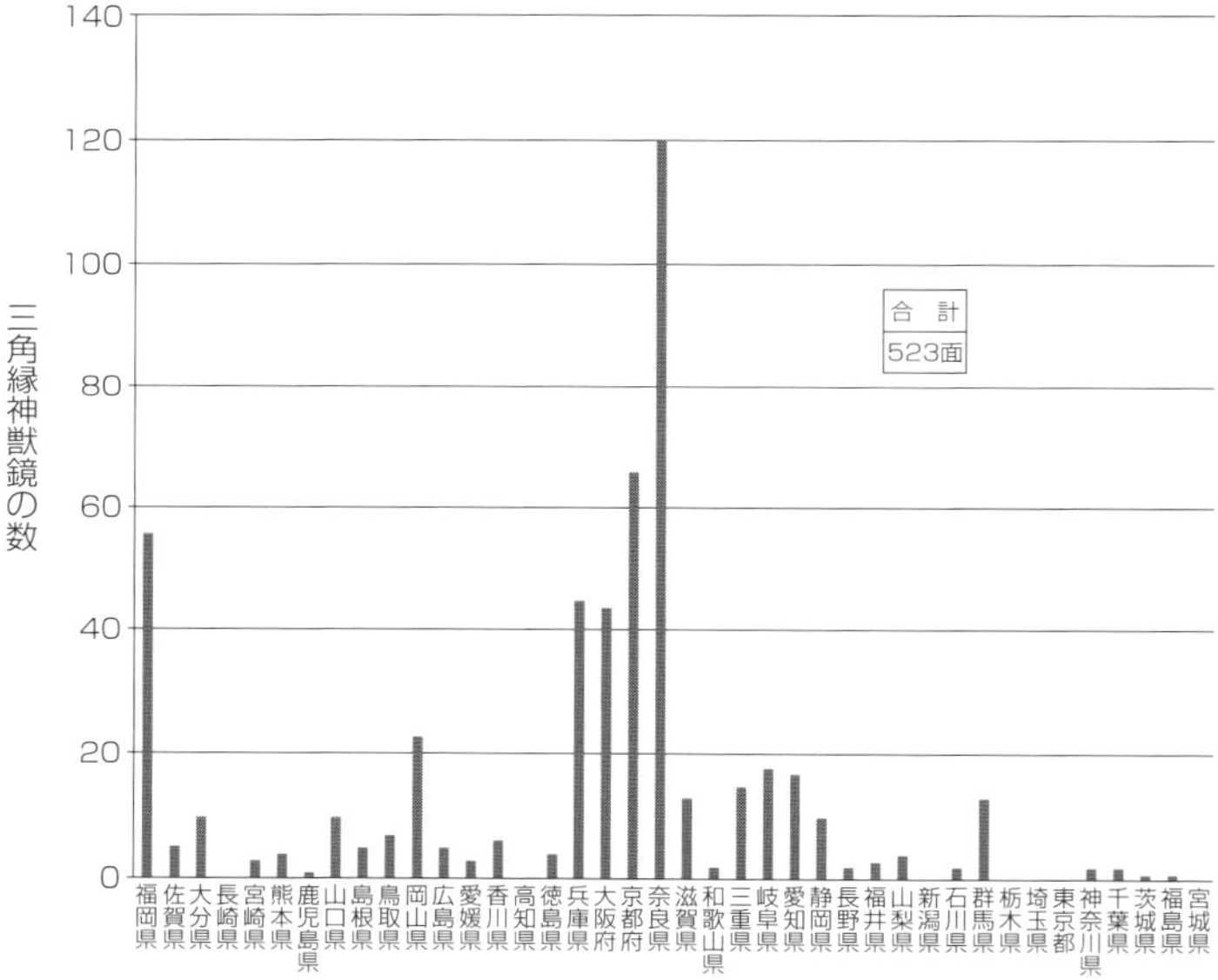

（安本美典『卑弥呼の墓・宮殿を捏造するな』〔勉誠出版〕をもとに作成）

塚古墳の三十三枚をはじめ、桜井茶臼山古墳二十六枚、佐味田古墳十五枚、豊前石塚山古墳十三枚などあちこちにある。こうなると配布元が椿井大塚山だけとは限らず、あっちにもこっちにもあるということになり小林説はおかしくなる。

しかも卑弥呼が鏡をもらったのは正始元（二四〇）年なのに、四世紀以降に作られた古墳からしか出土しない。古墳に納められるまで半世紀以上の時間差が生じる。この半世紀のギャップを埋めるため、「伝世鏡」という便利だが危険な言葉が必要になる。

この伝世鏡説は、鏡をもらった人が死んでも、その人の墓には副葬せず、その後何代か経ってから、一斉に古墳に副葬したというものである。この説は考古学的事実をもとにしたものではなく、仮定に仮定を重ねてできているようだ。この伝世鏡説はすでに検証し、成立しがたいとしている。

中国での出土

日本で三角縁神獣鏡は大量に出ているが、中国ではどうか。それが全く、ただの一枚も出ていない。それに対し、これまで日本で出土した内行花文鏡、方格規矩鏡、神獣鏡などほとんどの鏡が中国でも出土している。

その出土状況を日本と中国とでプロットしたものがある（図表45）。これは「古代の鏡と東アジア」というシンポジウムで、森下章司氏が提示されたものである（文献51）。これを見ると、二〜三世紀に中国で作られた鏡は、日本からも出土していることがよくわかる。

一方、三角縁神獣鏡は図表45に入っていないので、新規に作図すると図表46のようになる。この図から三角縁神獣鏡が北海道、東北の一部を除いた全国に広く分布していること

■図表45　2〜3世紀の中国鏡の分布

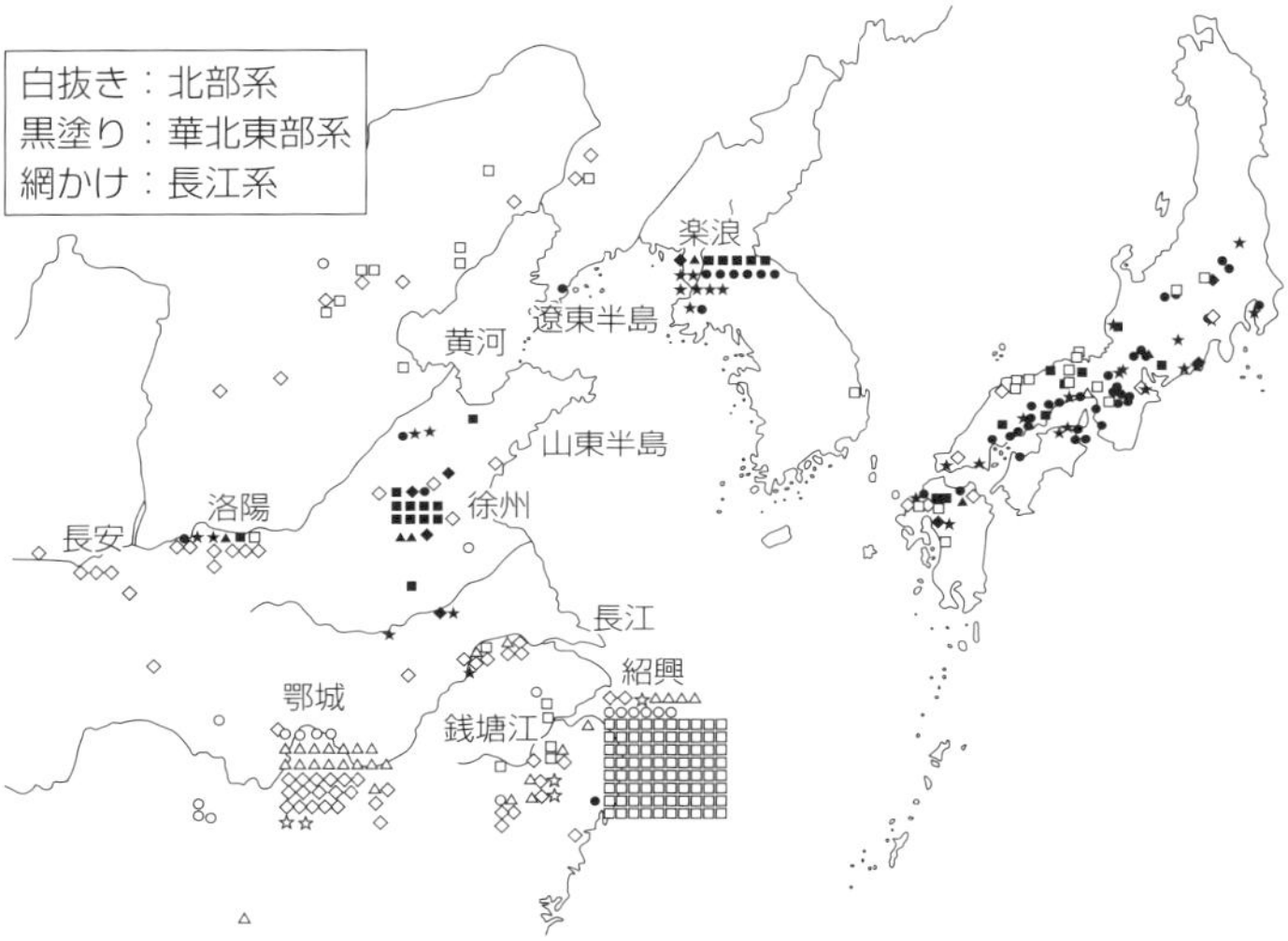

（森下章司『古代の鏡と東アジア』〔学生社〕をもとに作成）

がわかる。これに対し、中国では全く出土していないことも一目瞭然である。また、朝鮮半島付け根付近の楽浪郡でも全く出ていない。

これに日本だけで出土するだ龍鏡（神獣鏡をモデルに作ったと言われる。山口県の柳井茶臼山古墳から四四・八㎝の大型鏡が出ている）をプロットしてみる（図表46）。この鏡は日本だけで出土し、中国からは出土していない。当然、中国鏡と言う人はいない。

もう一つ、時代は遡るが、弥生時代の近畿地方を中心に分布する銅鐸を考えてみよう。これは図にプロットするまでもなく、日本からしか出土しない

■図表46　三角縁神獣鏡とだ龍鏡の分布

ので、これを中国製だと言う人はいない。当たり前のことである。

しかし、三角縁神獣鏡は違う。日本では五百枚以上出土しているが、中国では一枚も出てこないのに魏鏡だと言う学者が多い。なぜだろうか。

この鏡を色メガネで見ているからではないか。つまり、魏の皇帝からもらった鏡というフィルターを通してしか、この鏡を見ることができないのであろう。

また、そのうち中国から出てくると一縷の望みを持つ人もいるようである。そのうち出ると高を括っているうちに年月は移り変わり、二十世紀から二十一世紀になってしまった。

■図表47　正始元（240）年から現代まで

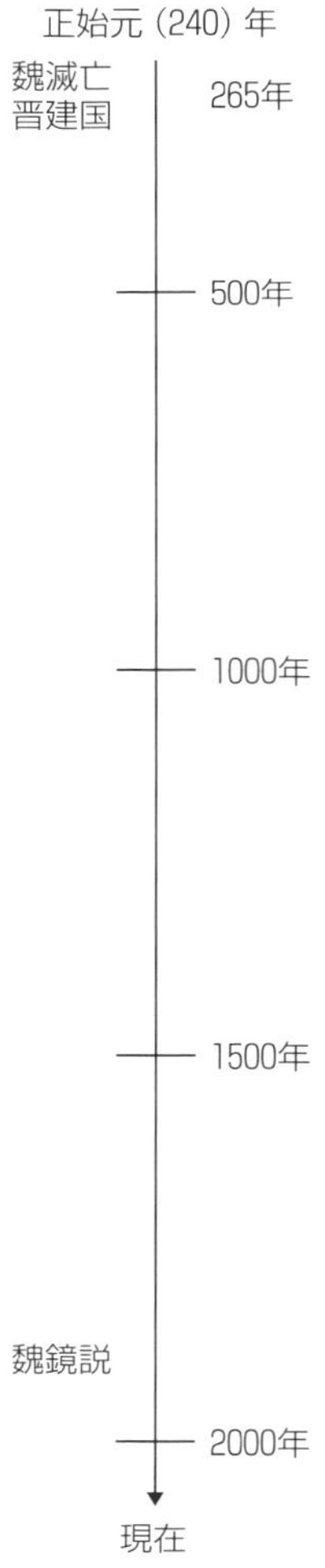

しかも、現在中国は不動産ブームに沸き、ここ掘れワンワン金になると全土が掘り返されている。しかし、三角縁神獣鏡が出たという話は全くない。

数の重み、時間の重み

三角縁神獣鏡はこれまで日本でのみ出土し、その数は優に五百枚を超えている。しかし、中国からはただの一枚も出土していない。この数の違い、重みを、魏鏡説の人はどのように理解しているのであろうか。

日本で三角縁神獣鏡が卑弥呼の鏡ではないかと言われ出して約百年。小林氏が補強してから約五十年が経っている。魏鏡説の人は、まだ百年か、わずか五十年しか経っていないと思っているらしい。

仮に正始元（二四〇）年鏡が存在するとすれば、日本でも中国でも同じ時を刻み、一八〇〇年近くの時間が過ぎている。その間、中国では墓あばきや偽鏡作りが盛んに行われてきた。しかし、この鏡だけは出てこないという現実を直視する必要があろう。

中国の考古学者王仲殊氏は平成八（一九九六）年に福岡で開催されたシンポジウム「三角縁神獣鏡と邪馬台国」で次のように言っている（文献12）。

「中国に三角縁神獣鏡がないということは、もちろん問題ないと思います。そして日本の先生方も、もう中国で探す必要はない」。さらに、「中国には考古学者はたくさんいますが、何が三角縁神獣鏡か知らない人がいっぱいいるんです。なぜかというと、中国にないからです」と言い切っている。同席していた樋口隆康氏は「そこまで断言するのは……（笑い）、私はとても、ようしきらないですね」と困惑している。

しかし、まだまだ魏鏡説を信じる抵抗勢力は根強いようである。

渡来呉人製作説

これは先述のように王仲殊氏が唱えた説である。三角縁神獣鏡は中国鏡ではなく、平縁の神獣鏡の内区と画像鏡の外区とを参考に作られており、これら二つの鏡が作られていたのは呉の国であるから、呉の人が倭に渡来して作ったというものである。この説が日本考古学界に与えたインパクトは大きく、魏鏡説は再構築を迫られた。

王氏は、三角縁神獣鏡が中国鏡ではない理由として以下の点を挙げている（文献11）。

一　魏晋時代の中国の鏡は日本で発見されているものほど大きくない。

二　同じ時期の鏡は平縁が大多数を占め、特に神獣鏡はすべて平縁である。

三　三角縁神獣鏡に見られる笠松形の文様が中国鏡には全くない。

四　「銅出徐州」の銘文を持つ中国鏡として方格規矩鏡が一枚あるが、「師出洛陽」の銘文は全くない。

五　「用青同至海東」の銘文中の「海東」は、中国では一般に朝鮮半島を指すが、広く日本を指すこともある。この「海東」は明らかに日本を指している。

六　縁部が三角形をなし、外区の文様も近似しているのは画像鏡である。
七　仏像文様の器具は呉でのみ作られていたので三角縁仏獣鏡は呉人が作った。
八　神獣鏡は呉の鏡である。
三角縁神獣鏡は中国鏡とは明らかに異なるものの、確かに中国鏡の各種の基本的な特徴を備えており、他の仿製鏡とは大きく異なっている。このため、この鏡は東渡した呉の職人が日本で製作したというものである。


この説に対し、疑問も出されている。

「海東」は日本を指すという銘文解釈については、「海東」の句は東方海中にあると信じられていた仙界を指しているという指摘や、昔から中国では朝鮮半島を意味する言葉であるから日本列島とするのは間違いであるという反論もある。しかし、渡来呉人が、海の東の方へ遙々来たという感慨を表現したという方がむしろ理解しやすい。

その当時、国交があったのは魏の国であるから、呉人が来るはずがないという反論もあるが、正式な国交はなくとも、徐福伝説を考えれば、沖縄経由で島伝いに来るルートも当然あったと思われる。

また、神獣鏡は呉の鏡と言うが、同向式神獣鏡には魏の年号である「黄初」銘の鏡があるから魏にも神獣鏡があるという意見もある。しかし、図表39について述べた際に紹介した、呉国で作られたという王氏の説（文献12）に比べると根拠が弱い。

この呉人説は、批判もあるが、可能性が高いものと思われる。

引用・参考文献一覧

1 朝日新聞西部本社編『邪馬台国への道』不知火書房、一九九五年

3 新井宏「鉛同位体比から見て三角縁神獣鏡は非魏鏡」（『東アジアの古代文化』129、二〇〇六年）

2 新井宏『理系の視点から見た考古学の論争点』大和書房、二〇〇七年

4 石野博信他『三角縁神獣鏡、邪馬台国、倭国』新泉社、二〇〇六年

5 一海知義注、吉川幸次郎・小川環樹編集・校閲『中国詩人選集4　陶淵明』岩波書店、一九五八年

6 伊都国歴史博物館『海を越えたメッセージ　楽浪交流展』二〇〇四年

7 岩永省三『歴史発掘7　金属器登場』講談社、一九九七年

8 上野勝治「鋳造面から見た三角縁神獣鏡」（『古代学研究』128号、一九九二年）

9 H・J・エガース著、佐原真他訳『考古学研究入門』岩波書店、一九八一年

10 王仲殊・徐苹芳・田中琢・西嶋定生他『三角縁神獣鏡の謎』角川書店、一九八五年

11 王仲殊『三角縁神獣鏡』学生社、一九九二年

12 王仲殊・樋口隆康『三角縁神獣鏡と邪馬台国』梓書院、一九九七年

13 岡村秀典『三角縁神獣鏡の時代』吉川弘文館、一九九九年

14 奥野正男『邪馬台国紀行』海鳥社、一九九三年

15 奥野正男『邪馬台国の鏡』梓書院、二〇一一年

16 葛洪著、本田済訳「抱朴子」（『中国古典文学大系8　抱朴子　列仙伝・神仙伝　山海経』平凡社、一九六九年）

17 河上邦彦「黒塚古墳発掘の意味」（『東アジアの古代文化』95、一九九八年）

18 九州国立博物館『古代九州の国宝』二〇〇九年

19 楠元哲夫「大和天神山古墳出土鏡群の再評価」（『橿原考古学研究所論集』第11、一九九四年）

20 車崎正彦「新発見の『青龍三年』銘方格規矩四神鏡と魏晋のいわゆる方格規矩鏡」(『考古学雑誌』86－2、二〇〇一年)

21 車崎正彦編『考古資料大観5　弥生・古墳時代鏡』小学館、二〇〇二年

22 坂田邦洋『倭・倭人・倭国伝』つちや軽印刷、一九九一年

23 佐原真『歴史発掘8　祭りのカネ銅鐸』講談社、一九九六年

24 島根県教育委員会・朝日新聞社編『古代出雲文化展　神々の国悠久の遺産』一九九七年

25 清水克朗他「伝世鏡の再検討Ⅰ」(『古代学研究』１５６号、二〇〇二年)

26 清水眞一『シリーズ遺跡を学ぶ35　最初の巨大古墳　箸墓古墳』新泉社、二〇〇七年

27 下垣仁志『三角縁神獣鏡研究事典』吉川弘文館、二〇一〇年

28 高島忠平他『研究最前線　邪馬台国』朝日新聞出版、二〇一一年

29 高倉洋彰「弥生時代の小型仿製鏡について」(『季刊邪馬台国』32号、梓書院、一九八九年)

30 高倉洋彰「弁韓・辰韓の銅鏡」(西谷正他編『韓半島考古学論叢』すずさわ書店、二〇〇二年)

31 V・G・チャイルド著、近藤義郎他訳『考古学とは何か』岩波書店、一九六九年

32 辻田淳一郎『鏡と初期ヤマト政権』すいれん社、二〇〇七年

33 都出比呂志「紀年鏡は『卑弥呼の鏡』」(「毎日新聞」一九九八年三月十六日)

34 寺沢薫・武末純一『最新邪馬台国事情』白馬社、一九九八年

35 寺沢薫『日本の歴史第2巻　王権誕生』講談社、二〇〇〇年

36 寺沢薫「古墳時代開始期の暦年代と伝世鏡論(上)(下)」(『古代学研究』１６９号・１７０号、二〇〇五年)

37 奈良県香芝市二上山博物館編『邪馬台国時代のツクシとヤマト』学生社、二〇〇六年

38 奈良県立橿原考古学研究所編『黒塚古墳調査概報』学生社、一九九九年

39　奈良県立橿原考古学研究所編『ホケノ山古墳調査概報』学生社、二〇〇一年
40　楢崎彰一・山田友治「岐阜市瑞竜寺山山頂出土の古鏡について」(『考古学雑誌』53－1、一九六七年)
41　西川寿勝『三角縁神獣鏡と卑弥呼の鏡』学生社、二〇〇〇年
42　西田守生「竹島御家老屋敷古墳出土の正始元年三角縁階段式神獣鏡と三面の鏡」(東京国立博物館編『MUSEUM』357、一九八〇年)
43　原田大六『卑弥呼の墓』六興出版、一九七七年
44　樋口隆康「卑弥呼の銅鏡百枚」(『歴史と人物』中央公論社、一九七八年)
45　樋口隆康『三角縁神獣鏡綜鑑』新潮社、一九九二年
46　樋口隆康・平野邦雄監修『シンポジウム邪馬台国が見えた』学生社、二〇〇一年
47　平尾良光「青銅・ガラス製品の鉛同位体比値一覧」(井上洋一・森田稔編『考古資料大観6弥生・古墳時代青銅・ガラス製品』小学館、二〇〇三年)
48　平野邦雄『邪馬台国の原像』学生社、二〇〇二年
49　福永伸哉他『シンポジウム三角縁神獣鏡』学生社、二〇〇三年
50　福永伸哉『三角縁神獣鏡の研究』大阪大学出版会、二〇〇五年
51　福永伸哉・森下章司・菅谷文則・新井宏『古代の鏡と東アジア』学生社、二〇一一年
52　藤田友治『シリーズ古代史の探求1　三角縁神獣鏡』ミネルヴァ書房、一九九九年
53　藤丸詔八郎「鉛同位体比の測定対象となった北九州市近郊から出土した弥生～古墳時代の青銅製遺物について」(『北九州市研究紀要』vol.2・3、一九九五・一九九六年)
54　馬淵久夫・平尾良光「竹島御家老屋敷古墳出土鏡片の鉛同位体比法による同定」(東京国立博物館編『MUSEUM』357、一九八〇年)
55　馬淵久夫・平尾良光「鉛同位体比法による漢式鏡の研究」(東京国立博物館編『MUSEUM』

３７０、一九八二年）
56 馬淵久夫・平尾良光「鉛同位体比法による漢式鏡の研究（二）」（東京国立博物館編『ＭＵＳＥＵＭ』３８２、一九八三年）
57 馬淵久夫他「東アジア鉛鉱石の鉛同位体比」（『考古学雑誌』73－2、一九八七年）
58 馬淵久夫・平尾良光「福岡県出土青銅器の鉛同位体比」（『考古学雑誌』75－4、一九九〇年）
59 馬淵久夫「弥生・古墳時代仿製鏡の鉛同位体比の研究」（科学研究費助成事業『研究成果報告書』一九九六年）
60 水野正好・門脇禎二・都出比呂志『邪馬台国と安満宮山古墳』吉川弘文館、一九九九年
61 美濃市教育委員会『美濃市文化財調査報告書34号　美濃観音寺山古墳・その他3遺跡』二〇一二年
62 森浩一『僕は考古学に鍛えられた』筑摩書房、一九九八年
63 森浩一『ぼくの考古古代学』日本放送出版協会、二〇〇五年
64 森浩一『森浩一の考古学人生』大巧社、二〇一〇年
65 森浩一『森浩一の考古交友録』朝日新聞出版、二〇一三年
66 森下章司「古墳時代仿製鏡の変遷とその特質」（『史林』74－6、一九九一年）
67 森下章司「仿製鏡の変遷　鏡の語る古代史」（『季刊考古学』第43号、雄山閣、一九九三年）
68 安本美典『邪馬台国の真実』ＰＨＰ研究所、一九九七年
69 安本美典『三角縁神獣鏡は卑弥呼の鏡か』廣済堂出版、一九九八年
70 安本美典『「邪馬台国畿内説」徹底批判』勉誠出版、二〇〇九年
71 安本美典『卑弥呼の墓・宮殿を捏造するな』勉誠出版、二〇一一年
72 安本美典『大炎上　三角縁神獣鏡』勉誠出版、二〇一三年
73 柳田康雄『伊都国を掘る』大和書房、二〇〇〇年

あとがき

三角縁神獣鏡を卑弥呼の鏡とする色々な説があるが、これらの説をまとめた本はないようだ。そこで調べてみると、何と十指に余るほどもあったが、仮定や仮想のものが多い。特に伝世鏡説、特鋳鏡説などは考古学的事実を無視した説と言えよう。伝世鏡説の根拠とされる鏡の手ずれは、科学的な観察で否定され、瓦解しているようだ。

中国の考古学者王仲殊氏は、三角縁神獣鏡は魏の鏡ではないとはっきり言う。また、中国にはこの鏡はないから、もう探しに来なくてもよいとまで言っている。なぜそう断言できるのか。それが不思議であった。

わずかに森下章司氏が、倭製鏡の変遷から中国鏡との違いを書いている。しかし、なぜ中国と違ってきたのか。倭国の立場から見た人はいないようである。

三世紀の後半から五世紀の初めまで、倭国と中国の国交はない。この間、倭国は古墳文化花盛りであり、これはもう中国の物真似ではなく、多様な文化が独自に成立してきたためと考えられる。

この和風文化の中で、鏡も中国鏡の縛りから解き放たれた。こうしてできてきたのが、倭製鏡と言われる多くの鏡である。その中で、神獣鏡をもとに、大胆に神像と獣像のみにデフォルメした鏡が生まれた。そして、そのわかりやすさが受けて大ヒットしたのではなかろうか。

一方、鏡の鉛同位体比について、それがあることは承知していたが、三年前『古代の鏡と東アジア』(文献51)を読みびっくりした。この本で三角縁神獣鏡などについて鉛同位体比が大量に測定されていることがわかったのである。この鉛同位体比について、これまで考古学者は自分の説に都合のいい所だけをXYの二軸のグラフで利用してきたようだ。

これはおもしろそうだとデータを集め始めたが、これらの多くは学会の専門誌などに出ているため集めるのに苦労した。そしてわかったのは、考古学者はこのデータを持て余しているのではないかということであった。

分析者の平尾良光氏は、「この方法で絶対年代を割り出すのは不可能。華南の呉で三角縁神獣鏡がつくられたのか、あるいは華南の原料が華北の魏に運ばれ、そこで鋳造されたのかまでは分からない。それを決めるのは考古学だ」と、ボールを投げている(文献1)。

これに対し、『最新邪馬台国事情』（文献34）の鼎談で考古学者の都出比呂志氏は、「これはもう、年輪年代法どころじゃなく専門性が強い問題です。金属の専門家であり『銅原料大陸輸入説』の馬淵久夫さんと、『国産説』の久野雄一郎さんとが学会できっちり議論してもらわないと」と、匙を投げているようである。

鉛同位体のデータはまだ十分活用されていない、これを放っておく手はないと思ったが、これといった良いアイデアはなかった。しかし、平成二十六（二〇一四）年の大晦日の朝、床の中でふと「レーダーチャート」が浮かんできた。

まず正始元年鏡三枚についてレーダーチャートを描いてみると見事に違いがわかり、その差異を表現することができた。景初三年鏡も同様であった。

三角縁神獣鏡は舶載鏡、仿製鏡に分けられているが、このチャートでは同じ形である。これに呉鏡と魏鏡を書き入れると、三角縁神獣鏡とははっきりと違う形が表れる。これにより三角縁神獣鏡は中国鏡とは違うし、舶載鏡と仿製鏡の区別もないことがわかった。

また、時代別の鉛同位体比から、鏡の編年表を構築でき、三角縁神獣鏡の立ち位置がわかったのは大きな収穫であった。

このチャートはＳＴＡＰ細胞（本当であって欲しかった。日本のため、いや世界のために）と違い、特別なコツやレシピも要らない。まして弁護士も必要ない。データと定規とグラフ用紙と鉛筆さえあれば、誰でも再現できる。変な色眼鏡を掛けて見なければ、鏡の真実の姿を見ることができる。

文献収集に当たっては各地の図書館へ出向いた。特に鏡の写真が大量に掲載された『考古資料大観5　弥生・古墳時代鏡』については、高価な本のため貸出禁止が多い中、佐賀県立図書館では唯一貸し出してもらえ、じっくりと鏡を見ることができた。片道八〇㎞はあるが、ドライブ気分で二十回以上通った。その他にも、福岡県立図書館、福岡市総合図書館、九州大学考古学教室、伊都図書館、九州歴史資料館、岐阜県立図書館、美濃市立図書館、和白図書館や古賀市立図書館など、多くの施設にお世話になりました。ここに感謝の意を表します。

出版にあたっては、海鳥社編集部の田島卓氏に多大なご指導、ご助言をいただきました。ここに深甚の謝意を表します。

なお、グラフの作成、本文の入力、校正など、弟茂に多大な苦労をかけた。感謝の言葉あるのみ。ありがとう。

藤本　昇（ふじもと・のぼる）
1940年生まれ。1959年、福岡県立香椎高等学校卒業。1968年、九州大学農学部農芸化学科卒業。1970年、福岡市役所入庁。公害防止・環境アセスメントに従事。平成元年、下水道水の高度処理で窒素・リンを肥料として回収するMAP法を世界で初めて開発し、博多湾のクリーン化に貢献。2013年、『まぼろしのオーロラ村』出版。

卑弥呼《ひみこ》の鏡《かがみ》
鉛同位体比《なまりどういたいひ》チャートが明《あ》かす真実《しんじつ》

■

2016年１月10日　第１刷発行

■

著　者　藤本　昇
発行者　西　俊明
発行所　有限会社海鳥社
〒812-0023　福岡市博多区奈良屋町13番４号
電話092(272)0120　FAX092(272)0121
印刷・製本　大村印刷株式会社
ISBN978-4-87415-966-8
http://www.kaichosha-f.co.jp
［定価は表紙カバーに表示］